Carl Friedrich Grube

Über den Nominalismus in der neueren englischen und französischen Philosophie

Carl Friedrich Grube

Über den Nominalismus in der neueren englischen und französischen Philosophie

ISBN/EAN: 9783743435254

Hergestellt in Europa, USA, Kanada, Australien, Japan

Cover: Foto ©Thomas Meinert / pixelio.de

Weitere Bücher finden Sie auf **www.hansebooks.com**

Über den Nominalismus in der en englischen und französischen Phil...

Inaugural-Dissertation

zur Erlangung der philosophischen Doktorwürde

genehmigt von der philosophischen Fakultät

der

)lnigten Friedrichs-Universität Halle-W...

verfaßt von

Carl Grube
aus Lübeck.

Halle a. S.
1889.

Herrn Prof. Dr. C. Stumpf

und

Herrn Dr. E. Focke

aus Dankbarkeit

gewidmet.

Inhalt.

	Seite
Erstes Kapitel: Einleitung	1
§ 1. Ideenentwicklung des Nominalismus und Vertreter desselben	1
§ 2. Methode der Darstellung und Kritik	2
§ 3. Schwierigkeiten der Untersuchung der geistigen Operationen	3
§ 4. Hilfsmittel der Untersuchung: das Experiment	4
§ 5. Hilfsmittel der Untersuchung: historische Entwicklung der Sprache, Volks- und Kindersprache	5
Zweites Kapitel: Hobbes	8
§ 6. Seine Ansichten vom Ursprung der Sprache, vom Wert und Wesen der Allgemeinnamen und vom abstrakten Denken	8
§ 7. Kritik der Ansicht Hobbes' vom Ursprung der Sprache	11
§ 8. Kritik der Ansicht Hobbes' vom Werte der Namen fürs Denken	12
§ 9. Kritik der Ansicht Hobbes' vom Wesen der Allgemeinnamen und Begriffe	14
§ 10. Kritik der Ansicht Hobbes' vom abstrakten Denken	19
Drittes Kapitel: Berkeley	21
§ 11. Seine Theorie der abstrakten Begriffe und des abstrakten Denkens	21
§ 12. Kritik von Berkeley's Abstraktionstheorie	24
§ 13. Kritik von Berkeley's nominalistischer Auffassung des Denkens	27
Viertes Kapitel: Hume	28
§ 14. Seine Ansicht vom Wesen der Allgemeinbegriffe	28
§ 15. Kritik der Hume'schen Beweise für die Unmöglichkeit selbständiger abstrakter Vorstellungen	32
§ 16. Kritik der Hume'schen Erklärung der Allgemeinbegriffe	39

Fünftes Kapitel: Condillac 44
§ 17. Seine Lehre vom Ursprung der Sprache, von der Priorität der Zeichen, vom Wesen der abstrakten Ideen und vom abstrakten Denken . 44
§ 18. Kritik der Ansicht Condillac's vom Ursprung der Sprache und von der Priorität der Zeichen 48
§ 19. Kritik der Ansicht Condillac's vom Nutzen der Zeichen fürs Denken 51
§ 20. Kritik der Ansicht Condillac's vom Wesen der Allgemeinbegriffe 51
§ 21. Kritik der Ansicht Condillac's vom abstrakten Denken 53
Sechstes Kapitel: Taine 58
§ 22. Seine Lehre vom Wesen der Zeichen, von der Substitution, vom Wesen der allgemeinen, der geometrischen und der Zahlbegriffe 58
§ 23. Kritik der Taine'schen Theorie vom Wesen der Zeichen und der Substitution 63
§ 24. Kritik der Taine'schen Theorie vom Wesen der Gattungsbegriffe 65
§ 25. Kritik der Taine'schen Theorie von der Entstehung derselben 68
§ 26. Kritik der Taine'schen Theorie von der Vorstellung der geometrischen und von Zahlbegriffen 69
Siebentes Kapitel: Shute 71
§ 27. Seine extrem nominalistische Lehre vom abstrakten Denken 71
§ 28. Kritik des direkten Shute'schen Beweises aus der Entwicklung der Sprache 74
§ 29. Kritik des indirekten Beweises aus der verminderten Einbildungskraft und der größern Schnelligkeit des modernen Denkens . . . 76
Achtes Kapitel: Schlußdarstellung 80
§ 30. Ursprung der Sprache; historische Entwicklung des Denkens und Sprechens 80
§ 31. Allgemeine Bemerkungen über das moderne Denken 85
§ 32. Die Vorstellungsart der abstrakten Begriffe . 86
§ 33. Vom Nutzen der Namen für das Denken . . 90

Erstes Kapitel.

Einleitung.

§ 1. Der langwierige Streit des Realismus und des Nominalismus in der mittelalterlichen Scholastik endete schließlich mit dem Siege des Nominalismus, und der wichtige Satz, den er vertrat, daß das Allgemeine keine reale Existenz in der Außenwelt habe, blieb für die Folgezeit anerkannt. Doch gestärkt durch das Bewußtsein des Sieges, beeinflußt von den Strömungen der humanistischen Zeit, breitete sich der nominalistische Gedanke weiter aus. Bot wirklich die Außenwelt nur Einzeldinge, besaß nur der Mensch das Allgemeine, so war es nötig, im Menschen selbst die Natur des Allgemeinen näher zu untersuchen. Im Menschen nun war das Allgemeine sicherlich in der Sprache vorhanden, denn man besaß ja Namen für das Allgemeine.

Wenn nun der menschliche Geist seine Vorstellungen nur aus der Außenwelt hat und es in dieser nichts Allgemeines als für sich Seiendes, sondern nur Einzeldinge giebt, so kann es auch, schloß man, im Geiste nichts Allgemeines geben, folglich liegt das Allgemeine nur in der Sprache. So stand dem psychologischen Nominalismus die rein sprachliche Natur des Allgemeinen fest, und nur darüber, was nun bei Verwendung der allgemeinen Namen im menschlichen Geiste vorgestellt werde, stritt man noch.

Wenn nun aber wirklich das Allgemeine nur im Worte lag, wie war es denn anders möglich mit dem Allgemeinen zu denken — was wir ja hauptsächlich thun — als in Worten? Daraus ergab sich die ungeheure Wichtigkeit der Sprache in erster

Linie für das eigene Denken, und eine gewisse, mechanische Art in Worten zu denken, welche man dem Rechnen der Mathematik ähnlich setzte; sah man doch in den ersten Jahrhunderten der neueren Philosophie, in welchen die Mathematik ihre größten Erfolge erzielte, in dem mathematischen Operieren das Ideal alles Denkens. So gelangte man endlich zum extremsten Nominalismus, welcher das Denken in nackten Wortvorstellungen für die Regel hält und nur in gewissen, selteneren Fällen ein wirkliches Bedeutungsbewußtsein in Begleitung der Sprache zugiebt.

Das sind die Grundzüge der Entwicklung des neueren Nominalismus in den Schriften von HOBBES, BERKELEY, HUME, CONDILLAC, TAINE und SHUTE.

HOBBES hat denselben zuerst in der neueren Philosophie nicht nur zu Ansehen gebracht, sondern bereits sämtliche Hauptideen desselben erkannt; doch hat er diese mehr angedeutet und behauptet, als durchgeführt und bewiesen. BERKELEY und HUME führen exakter die nominalistische Auffassung der Allgemeinbegriffe durch; CONDILLAC setzt den gesamten Nominalismus weiter fort und sucht besonders die Notwendigkeit der Wörter für das Denken und die Ähnlichkeit des Denkens mit dem Rechnen zu erweisen. In unserm Jahrhundert unternahmen es TAINE und SHUTE, die Ideen des Nominalismus mit den Hilfsmitteln der modernen Wissenschaft zu erneuern, indem ersterer die Natur der allgemeinen Begriffe, letzterer besonders die Möglichkeit und Beschaffenheit des Wortdenkens untersuchte.

§ 2. Eine Betrachtung des neueren englischen und französischen Nominalismus hat einerseits die Lehren jener Vertreter des Nominalismus, soweit sie für denselben von Bedeutung sind, darzustellen, andrerseits mit Hilfe der fortgeschrittenen Psychologie und Sprachwissenschaft nachzuprüfen und endlich, wo sich die Möglichkeit bietet, die schwebenden Fragen positiv zu beantworten.

Hierbei können wir uns für die Kritik BERKELEY's und besonders HUME's auf MEINONG's vorzügliche Arbeit (Hume-Studien) vielfach stützen, während die übrigen von uns herangezogenen Philosophen hinsichtlich des Nominalismus noch nicht näher behandelt sind.

Freilich liegt bei dem hier gewählten Verfahren, jeden der

genannten Philosophen allein für sich darzustellen und zu beurteilen, die Gefahr der Wiederholung nahe, aber den mannigfachen Wendungen des Nominalismus folgend wird die Darstellung überall das Neue und Eigentümliche mehr hervorzuheben und bei der Kritik zu berücksichtigen haben, so daß die Feststellung dessen, was für wahrscheinlich zu halten ist, nur Schritt für Schritt erfolgen kann und erst eine Schlußübersicht unsere endlichen Ansichten einheitlich geben wird.

Dabei verhehlen wir uns nicht die Schwierigkeiten einer solchen Kritik, hoffen vielmehr, gerade aus einer klareren Einsicht in die Methode und die Schwierigkeiten dieser Untersuchungen, welche sich auf dem Grenzgebiete der Psychologie und Sprachwissenschaft bewegen, Vorteil zu ziehen, einmal zur Beurteilung jener nominalistischen Philosophen, welche weniger vorsichtig vorgingen, sodann zur Erreichung einer festeren Methode, welche zu weniger anfechtbaren Sätzen führen kann.

§ 3. Die Hauptschwierigkeit liegt in der Quelle der Erkenntnis für unsere Fragen und in der Ausnutzung derselben. Denn nicht genug, daß unsere Untersuchung unter den allgemeinen Schwierigkeiten der psychologischen Beobachtung leidet, so ist auch die innere Wahrnehmung und das Gedächtnis gerade bei unseren Untersuchungen, welche vielfach den Zusammenhang und den Unterschied des Gedankens und der Sprache erörtern, nur eine trübe Erkenntnisquelle wegen der innigen Association der Wörter mit den Vorstellungen. Und während die übrige Psychologie meist die Sprache getrost als ungefähr entsprechende Äußerung des Geistes ansieht, sind wir gezwungen, mit Mißtrauen an den parallelen Verlauf des Denkens und des Sprechens heranzutreten.

Noch mehr erschwert wird die Sicherheit des eigenen Urteils durch das Bewußtsein, daß gerade die Beschaffenheit des Denkens selbst eine subjektiv sehr verschiedene ist, teils nach dem Stande der Bildung und Erfahrung, teils nach der mehr oder minder abstrakten Anlage des Denkens; eine Beobachtung, welche sich um so mehr bei unserm Thema aufdrängt, als lange Zeit hindurch die Hauptverfechter des Nominalismus die Engländer und Franzosen waren, deren Sprachen sich durch Exaktheit und feste Regelung des Ausdruckes auszeichnen.

Diesen Mängeln gegenüber greift man daher zu Hilfsmitteln

und sucht der inneren Wahrnehmung und dem Gedächtnis durch das Experiment nachzuhelfen, sowie der Subjektivität des eigenen Denkens und Sprechens die Beobachtung vieler Menschen entgegenzustellen.

§ 4. Das erste Hilfsmittel, das Experiment, besteht darin, daß man durch Wiederholung eines Satzes, durch Lesen oder aufmerksames Aussprechen einzelner Wörter sich der begleitenden oder vorausgehenden Vorstellungen besser bewußt zu werden bemüht. In der That treten bei langsamer Wiederholung von Worten die Vorstellungen mit ihren Associationen deutlicher hervor; wir haben hier also ein Mittel, der Schnelligkeit und Flüchtigkeit des Denkens beim Sprechen abzuhelfen und die innere Wahrnehmung zu stärken. Aber dieses Mittel ist nur mit Vorsicht zu verwenden. Denn bei aufmerksamer Wiederholung eines einzelnen Satzes wird sich allerdings das Bedeutungsbewußtsein in höherem Grade einstellen, aber einerseits geschieht dieses auf Kosten und mit Verlust des Zusammenhanges innerhalb des Satzgefüges, in welchem der einzelne Satz stand, so daß manche Associationen verloren gehen, andrerseits ist doch der Gang des Denkens beim Hören oder Lesen gerade entgegengesetzt demjenigen, welchen das Denken vor und während dem Sprechen einschlägt.

Während man im letzteren Falle schon vor dem Sprechen sich dessen, was man sagen will, vollbewußt ist, bringt man beim Lesen oder Hören nur eine Richtung der Gedanken auf gewisse Associationen von dem vorhergehenden Satze mit, aber der vollendeten Bedeutung des Satzes wird man sich erst am Ende desselben bewußt. In noch höherem Grade trifft diese Bemerkung beim Beginne von Darstellungen oder bei alleinstehenden Sätzen zu. Hält man also am Ende eines so wiederholten Satzes an, um sich dessen Bedeutung zu vergegenwärtigen, so ist das Gefundene doch nicht genau dasselbe, wie das, was vor dem Aussprechen im Geiste des Redenden war.

Dazu kommt noch ein zweiter Nachteil. Das Denken ist weit mehr dem Einflusse der Wörter unterworfen, wenn man Gelesenes oder Gehörtes überdenkt, als ursprünglich vor dem Sprechen. Man wird daher bei dem Experimente der aufmerksamen Wiederholung von Sätzen leicht in den Fehler verfallen, da nur Wörter oder engste Verbindung mit denselben anzunehmen, wo in der That dieses Vorherrschen der Wörter im Geiste nicht ursprünglich, sondern erst infolge jener Wiederholung vorhanden ist. Ist daher die Wiederholung von Sätzen schon mit Vorsicht zu benutzen, aber doch sicher zulässig, weil dem Satze doch stets eine irgendwie in sich geschlossene Vorstellung entspricht, so ist die Wiederholung und Nennung einzelner Wörter, um die Bedeutung derselben klarer vorzustellen, ein geradezu gefährliches Experiment. Denn es beruht auf der keineswegs feststehenden Voraussetzung, daß hinter jedem Worte eigentlich eine feste, ganze Vorstellung stehe. Und wenn man nun, wie manche Nominalisten es versuchen, eine Reihe von Abstrakten, wie z. B. Staatsverwaltung, Religion, Kriegswesen, Mission u. a. m. nebeneinander stellt, sie nacheinander liest und sich dann fragt, was dabei vorgestellt wurde, so wird es den Nominalisten leicht, uns glauben zu machen, daß fast nichts dabei vorgestellt wurde. Darin haben sie auch sicherlich recht, doch ziehen sie daraus mit Unrecht den Schluß, daß wir bei derartigen Worten fast niemals eine Bedeutungsvorstellung haben, ja sogar keine haben könnten. Vielmehr muß man sich stets gegenwärtig halten, daß eine solche Wortisolierung nicht der Art des vernünftigen Denkens entspricht, welches stets in Sätzen vor sich geht, und daß dieses Verfahren darum zu keinen Schlüssen berechtigt, weil nicht nur der Zusammenhang des Satzgefüges schon gewisse Bedeutungsbeziehungen herbeiführt, sondern auch viele Wörter nur im Satze ihre volle Bedeutung erreichen.

§ 5. Das zweite Hilfsmittel bestand in der Benutzung der sprachlichen Äußerungen zu Schlüssen auf die Vorstellungen der Sprechenden; diese Schlüsse können sowohl aus der Geschichte der Sprachentwicklung, als auch aus der Beobachtung der heutigen Sprache gezogen werden.

Denn erstens lehrt uns eine Betrachtung der allgemeinen Sprachgeschichte zugleich die Entwicklung des menschlichen Geistes kennen, so daß JOHN STUART MILL mit Recht sagen konnte, man finde in der Sprache die ganze Philosophie der Menschheit enthalten. Die Geschichte der Bedeutungswandlungen giebt lehrreiche Hinweise auf Veränderungen und Fortschritte der geistigen Auffassung, und die Kenntnis der Wurzeln und der Wortbildung, welche besonders in den indogermanischen Sprachen so sehr gefördert ist, vermag überraschende Aufschlüsse über die Thätigkeit des menschlichen Geistes und das Heranreifen desselben zu bieten, endlich erhoffen wir auch von einer — allerdings noch ausstehenden — vergleichenden Untersuchung der Syntax wichtige Entdeckungen. Die vergleichende Sprachwissenschaft bietet daher überhaupt die einzige sichere Grundlage für die Durchführung aller Hypothesen über den Ursprung der Sprache, und weil sich in der Entwicklung der Sprache auch der Fortschritt des Geistes spiegelt, einen sichern Ausgangspunkt für alle Untersuchungen, welche sich auf das allmähliche Wachstum und Reifen des menschlichen Geistes beziehen.

Aber diese große Fülle des Stoffes, welche die Sprachwissenschaft aufweist, ist eben wegen ihres Reichtums nur mit Bedacht auszubeuten: überall sind die zahlreichen Einwirkungen lautlicher Umwandlungen und noch mehr die Einflüsse der sich entwickelnden und wechselnden Kultur zu berücksichtigen, damit man nicht überall aus der Sprache auf den Geist schließe und nicht bisweilen rein sprachliche Erscheinungen für Anzeichen besonderer, geistiger Vorgänge halte.

Zweitens ist die Kenntnis der modernen Sprache und Sprachen von großem Werte für derartige Probleme, wie wir sie behandeln. Einerseits zeigt sich eine gewisse Gleichartigkeit des Ausdruckes bei allen Menschen derselben Sprache, ja vielfach in allen Sprachen, welche uns das Zuvertrauen giebt, daß auch im wesentlichen eine Gleichartigkeit des Denkens stattfindet. Andrerseits gewähren gerade die Abweichungen und verschiedenartigen Ausdrucksweisen bei derselben Sprache oder innerhalb mehrerer Sprachen interessante Einblicke in das Leben des Geistes und die verschiedenartigen Vorstellungsweisen desselben. Darum emanzipiert die Kenntnis und Berücksichtigung mehrerer Sprachen entschieden von dem Einflusse der Muttersprache, so daß John Stuart Mill [1] sehr richtig bemerkt: „Da die Griechen keine andere Sprache als ihre eigene kannten, folgten ihre Ideen den zufälligen und willkürlichen Kombinationen der Sprache ganz und gar."

---

[1] John Stuart Mill, a system of logic³ 1851 book V chap. V § 6.

Auch wir haben täglich Gelegenheit, die größere Freiheit und Gewandtheit des Geistes bei Leuten, welche mehrere Sprachen beherrschen, zu beobachten. Es wird also auch dieses Mittel, denselben geistigen Inhalt in mehreren Ausdrucksweisen zu betrachten, nützlich sein.

In der eigenen Sprache können wir noch besonders aus der Kenntnis der Volks- und Kindersprache viel lernen, deren Verwertung um so leichter ist, als sie unserem geistigen Nachfühlen weit näher liegen, denn fremde Sprachen. Die Volkssprache ist meistens altertümlich, so daß sie noch vielfach die Stufen zeigt, auf denen das moderne Denken emporgeklommen ist; sie redet in kräftigen, deutlichen Bildern, welche auf ein stärkeres Vergegenwärtigen der Vorstellungen schließen lassen; ihre Wortbedeutungen sind vielfach ursprünglicher und unentwickelter, so daß dieselben Namen, in moderner Verwendung zu anderen Associationen und Spezialisierungen verschoben, die mehr abstrakte Art des modernen Denkens darthun; sind doch manche bildlichen Ausdrücke der modernen Sprache bis auf ihre abstrakten Grundzüge völlig verblaßt und nur aus der Volkssprache noch zu erklären.

Die Kindersprache ist in mancher Hinsicht das Gegenstück zur Volkssprache; während letztere sich getreu an die überlieferten Wörter und Bedeutungen hält, somit das Denken des Volkes gewissermaßen von der Sprache beherrscht wird, sucht das Kind sich die Sprache zu unterwerfen. Es ringt mit ihr, bildet eigenmächtig neue Wortformen nach Analogien, verwendet gelernte Wörter, um eigenartige Vorstellungen auszudrücken willkürlich, bald verallgemeinernd nach irgendwelchen Ähnlichkeiten, bald spezialisierend nach zufälligen Umständen.

Hier sehen wir deutlich ein Überwiegen und Vorauseilen des Denkens vor der Sprache und doch keine selbständige Neuschöpfung derselben, sondern Erlernen und Benutzen des überlieferten Wortschatzes.

Diese Grundsätze sollen uns bei der Kritik der oben genannten Nominalisten zur Richtschnur dienen. Ein Schlußkapitel wird die aus dieser Kritik hervorgegangenen positiven Ansichten über das Wesen der abstrakten Begriffe und über die Natur des modernen Denkens einheitlich zusammenfassen.

Zweites Kapitel: Hobbes.

§ 6. THOMAS HOBBES nimmt einen göttlichen Ursprung der Sprache an; Gott selbst erdachte die Namen oder doch Adam auf Gottes Eingebung; jedoch waren anfangs nur die einzelnen Dinge benannt. Aber nach dem Turmbau von Babel vergaßen die Menschen jene frühere Sprache und erfanden sich willkürlich eine neue; jetzt benannten sie nicht bloß die existierenden Dinge, sondern überhaupt jede Sache, die vorgestellt oder beim Überlegen betrachtet werden konnte, und zwar oft dieselbe Sache verschieden je nach ihrer eigenen Stimmung oder einer zufälligen Veränderung der Sache [1]).

Der Vorteil dieser Benennung war ein gewaltiger; denn der menschliche Geist, welcher außer der Wahrnehmung und Phantasie und Gedankenreihen keine Bewegung hatte, wurde durch die Fähigkeit der Rede so gestärkt, daß er sich dadurch von allen andern Wesen unterscheidet. Diese Stärkung beruht vor allem auf der Bildung eines guten, stets zur Verfügung stehenden Gedächtnisses dank diesen Namen [2]).

Denn zur Erinnerung bedürfen wir dieses Hilfsmittels, ohne welches alles, was die Menschen im Geiste durch Nachdenken gesammelt haben, sofort entschwinden würde und nur durch wiederholte Mühe zurückgerufen werden könnte. Darum sind besonders zur Erwerbung der Philosophie irgendwelche wahrnehmbare Merkmale nötig, durch welche frühere Vorstellungen zurückgeführt und je nach ihrer Ordnung registriert werden können [3]). Aus dieser durch feste und bestimmte Namen erweckten Erinnerung an die Dinge entspringt die Kenntnis der Wahrheit [4]).

---

1) THOMAS HOBBES, opera philos. omnia quae latine scripsit, ed. MOLESWORTH 1841. — El. phil. I 1; Lev. de homine cap. 4; cap. 5.
2) El. phil. I 2; Lev. de homine cap. 3.
3) HOBBES, El. phil. I 1.
4) HOBBES, De cive, epist. dedicat.

So dienen also die Namen in erster Linie als Merkmale für das eigene Denken, notae, zweitens als signa, d. h. als Zeichen von Vorstellungen zur Verständigung mit den Mitmenschen.

Daher definiert Hobbes endlich den Namen als ein menschliches Wort, nach menschlichem Gutdünken gegeben, damit er ein Merkmal sei, durch welches ein dem vorhergehenden Gedanken ähnlicher Gedanke im Geiste hervorgerufen werden könne, und damit er in der geordneten und geäußerten Rede den Zuhörern ein Zeichen davon sei, welcher Gedanke im Redenden vorhanden oder nicht vorhanden war [1]).

Nach den Arten der benannten Dinge unterscheidet Hobbes vier Arten von Namen: nomina corporum, accidentium, phantasmatum, nominum.

Aus einigen Beispielen, die er giebt, geht hervor, daß er versteht unter:

nomina corporum: corpus, ens, album, callidum;
nomina accidentium: magnitudo, quantitas, extensio, essentia, albedo.
nomina phantasmatum: spectrum, soni, color, idea.
nomina nominum: genus, planta, animal, homo, saxum [2]).

Von den genannten Arten ist die letztere die wichtigste, denn ohne dieselbe können wir nicht überlegen, d. h. die Eigenschaften der Körper zusammenrechnen [3]). Das sind die mehreren Dingen gemeinsamen Namen wie „Mensch, Baum, Pferd", — welche, weil sie für mehrere Dinge einzeln genommen, aber nicht für alle insgesamt gelten — der „Mensch" ist nicht die „Menschheit" — allgemeine Namen heißen [4]). Ein solcher allgemeiner Name ist nicht Name eines in der Welt existierenden Dinges noch einer Vorstellung oder Phantasiebildes, sondern nur immer Name andrer Namen.

Wenn man also sagt, „Tier" oder „Stein" sei etwas Allgemeines, so ist nicht irgend ein Tier oder Stein gemeint als allgemein seiend, sondern nur, daß die Wörter „Tier", „Stein" Allgemeinnamen sind, welche mehreren Dingen gemeinsam sind.

---

1) Hobbes, El. phil. I 2; Lev. de homine cap. 4.
2) Hobbes, El. phil. I 5. — Lev. de hom. cap. 5.
3) Hobbes, El. phil. I 3.
4) ibid. I 2.

Ihnen entsprechen im Geiste Vorstellungen von einzelnen lebenden Wesen oder Bilder anderer Dinge oder Begriffe. Denn es giebt in der Welt nichts Allgemeines, außer den Namen der Dinge; alle benannten Dinge sind Individuen und Einzeldinge, und niemand kann etwas begreifen, das nicht zeitlich und örtlich von bestimmter Größe und in Teile teilbar ist[1]).

Daher ist, um die Bedeutung „allgemein" zu verstehen, nur ein Vorstellungsvermögen, facultas imaginativa, nötig, durch welches wir uns erinnern, daß solche allgemeinen Worte bald die eine bald die andre Vorstellung hervorrufen[2]). So sind also genus species definitio nicht Namen von Dingen, sondern Namen anderer Namen. Wesen, welchen der Gebrauch dieser Namen fehlt, können unmöglich einen Begriff oder Gedanken, der dem Schlusse aus allgemeinen Sätzen entspräche, besitzen, weil man beim Schließen nicht nur über die Sache, sondern abwechselnd an die verschiedenen Namen der Sache, welche wegen der verschiedenen Gedankenbeziehungen sich boten, denken muß[3]). In jedem Satze aber müssen zwei Namen, welche derselben Art benannter Dinge angehören, miteinander verbunden sein und beide im Geiste dieselbe Vorstellung erregen; alle anderen Verbindungen sind falsch und nur Töne, denen im Geiste keine Reihe von Begriffen entspricht[4]). Es ist daher zum richtigen Gebrauche der Namen beim Denken und Sprechen das Bewußtsein ihrer Art und die Prüfung des Gesagten nötig[5]).

Mit diesen Wortvorstellungen der Namen operiert nun der Verstand denkend ganz ähnlich wie mit Zahlen rechnend: wie man das Ganze aus der Addition der Teile oder den Rest aus der Subtraktion eines Teiles von einem andern sucht, so fügt der Logiker zwei Namen zusammen zum Satze, zwei Sätze zum Schlusse, mehrere Schlüsse zum Beweise, — andrerseits zieht er vom Endergebnis oder Schlußsatze einen Satz ab, um einen andern zu finden. So sind denn die Fähigkeiten des Geistes nur Künste der Worte und die Vernunft ist nichts anderes als

---

1) Hobbes, El. phil. I 2; Lev. de homine cap. 3; cap. 4.
2) Hobbes, El. phil. I 2.
3) ibid. I 4.
4) ibid. I 3; 5; Lev. de hom. cap. 4; cap. 5.
5) Hobbes, El. phil. I 5; Lev. de hom. cap. 4; cap. 5.

Rechnen mit Allgemeinnamen, welche man als Merkmale für das eigene Denken und als Zeichen zur Mitteilung angenommen hat [1]).

§ 7. Die dargelegten Ansichten von Hobbes zeigen alle wesentlichen Züge des modernen Nominalismus: die Erfindung der Namen zum Nutzen des eigenen Denkens, die nominalistische Natur der Gattungsbegriffe und das meist mit Worten rechnende Denken. Doch sei es uns gestattet, diese Fragen insoweit, als ihre Beantwortung nicht Hobbes allein eigentümlich ist, nicht gleich erschöpfend zu behandeln, weil Hobbes selbst diese Probleme weniger eingehend behandelte, und weil sich uns bei den späteren Philosophen Gelegenheit bieten wird, dieselben Probleme umfassender zu beurteilen.

Der von Hobbes gelehrte göttliche Ursprung der Sprache hat für seine Lehre weiter keine Bedeutung, sondern scheint nur aus Konivenz gegen die Lehren der Kirche zugegeben zu sein; denn in Wahrheit nimmt doch Hobbes damit, daß er nach dem Turmbau von Babel die Menschen alles aufs neue benennen läßt, einen Ursprung der Sprache aus der Erfindung der Menschen an. Doch besteht immerhin der Unterschied von den späteren ähnlichen Theorien, daß nach Hobbes die erste Anregung zur Benennung und Benutzung von Namen direkt von Gott selbst ausgegangen ist, so daß die Menschen, als sie nach dem Turmbau die Dinge benannten, sich noch von früher her bewußt waren, Namen zu verwenden und sie erfinden zu müssen. Abgesehen von dieser Theorie, welche uns hier nur nebensächlich interessiert, stellt sich Hobbes doch jenen zweiten Benennungsakt gewiß verkehrt vor, wenn er glaubt, man habe mit den Dingen zugleich auch alle möglichen andern Vorstellungen benannt. Es finden sich in den älteren Perioden der Sprachen deutliche Hinweise auf ein rein konkretes Denken an Stellen, wo wir jetzt mit Abstrakten operieren, und aus der Sprachgeschichte ist der spätere Ursprung vieler Abstrakten ersichtlich. Freilich aber mußten schon früh die Namen für Gegenstände der Natur bei der Gleichförmigkeit vieler Dinge allgemeinere Bedeutung erhalten. So haben sicher die Gat-

---

1) Hobbes, Lev. de hom. cap. 13.

tungsnamen nur allmählich ihren weiten Umfang gewonnen — wie später ausführlicher darzulegen sein wird. Überhaupt zeigt sich erst im weiteren Wachstum der Sprachen eine zahlreichere Entwicklung der Abstrakten, welche auf feinerer Beobachtung und genauerer Zergliederung der Wahrnehmungen und Vorstellungen beruht. Während daher die ältere Sprache, wie HOBBES richtig bemerkt, oft mehrere Benennungen für dieselbe Sache, je nach zufälligen Veränderungen, hatte, drängt die weitere Entwicklung der Sprachen darauf hin, dieselbe Sache auch gleichmäßig zu bezeichnen und die besonderen zufälligen Bedeutungsunterschiede isolierend für sich zu benennen.

§ 8. An die Ansicht vom Ursprunge der Sprache knüpft sich eng die Theorie ·HOBBES' von der ursprünglichen Verwendung der Namen als Merkmalen des eigenen Denkens. Freilich kann darüber kein Zweifel bestehen, daß die Namen uns nicht nur zur Mitteilung, sondern auch beim Denken große Dienste leisten; hat doch schon PLATO [1]) das Denken ein leises Zwiegespräch der Seele mit sich selbst genannt, und noch heute kann jeder in sich erfahren, daß, sobald man aufmerksam denkt, man die Worte in sich gleichsam vernimmt. Diese Beobachtung verleitete nun die Nominalisten zu zwei Folgerungen, erstens daß der ursprüngliche Zweck der Namen überhaupt sei, dem menschlichen Denken, erst in zweiter Linie der Mitteilung zu dienen, — zweitens daß alles Denken nur ein Sprechen sei und sich einzig und allein in Worten vollziehe.

Die zweite Folgerung hat HOBBES noch nicht streng durchgeführt, dagegen sucht er die erste wirklich zu beweisen.

Zunächst meint er, die Namen hätten schon darum dem Menschen, obgleich er allein in der Welt lebte, zum Gedächtnis gedient, weil sie zur Mitteilung und Beweis nicht dienen konnten; „denn es war eben niemand da, dem man etwas beweisen konnte" [2]).

Aber die Annahme eines allein lebenden Menschen, der die Dinge für sich benannte, ist eine höchst zweifelhafte Stütze der ganzen Hypothese; vielmehr sind wir gewiß berechtigt, uns das Erwachen des geistigen Lebens schon unter einer Zahl gemein-

---

1) PLATO, sophist. 263.
2) HOBBES, El. phil. I 2.

sam lebender Menschen zu denken, und für diese lag es gewiß näher, daß sie in Hinsicht ihrer Lebensbedürfnisse sich miteinander zu verständigen suchten, um sich gegenseitig zu helfen, als daß sie die Welt betrachtend und über sie nachsinnend eben zum Zwecke ihres Denkens die Dinge benannten. Den zweiten Beweisgrund nimmt Hobbes aus der hier einzig zu benutzenden Erkenntnisquelle, dem heutigen Zustande unseres Denkens; zeigt sich nämlich, daß die Sprache heutzutage bei allen geistigen Vorgängen ganz unentbehrlich ist, so ist damit freilich für die ältesten Zeiten nichts Sicheres bewiesen, denn die Menschheit kann ja durch eine Jahrtausende währende Gewohnheit die Fähigkeit anders als in Worten zu denken verloren haben, — aber die Nominalisten haben doch dann die größtmögliche Wahrscheinlichkeit für ihre Behauptung. Hobbes tritt nun allerdings den Beweis in diesem Umfange nicht an, er weist nur auf die Notwendigkeit der Namen für das Gedächtnis hin, so daß er in der Definition der Namen sagt, es könnten durch Wahrnehmung der Merkmale d. h. der Namen Gedanken in den Geist zurückgerufen werden, welche denjenigen Gedanken ähnlich seien, um deren willen die Merkmale gebraucht wurden [1]). Diese Definition scheint nur auf die Allgemeinnamen zu passen, welche ja nach nominalistischer Auffassung oft viele ähnlichen Vorstellungen zusammenfassen. Die Beurteilung dieser Funktion der Namen ergiebt sich also aus der Kritik über Hobbes' Auffassung der Gattungsbegriffe; jedenfalls aber ist der Nutzen der Namen für das Denken nur ein sehr zweifelhafter, wenn dieselben immer nur Vorstellungen herbeiführen, welche bereits vorhandenen Vorstellungen ähnlich sind. Daß aber Verknüpfung von Vorstellungen und somit auch die Erinnerung nicht durch die Namen allein herbeigeführt wird, werden wir weiter unten darlegen.

Hobbes kann uns also noch nicht die Unentbehrlichkeit der Namen für das einsame Denken und daher auch nicht die ursprüngliche Funktion der Namen im Denken glaublich machen.

---

1) Hobbes, El. phil. I 2: notas ... (nomino) res sensibiles, arbitrio nostro adhibitas, ut illarum sensu cogitationes in animum revocari possint similes iis cogitationibus, quarum gratia sunt adhibitae.

Wie wäre es auch möglich gewesen, daß zahlreiche Menschen sich eben dieselben Merkmale für ihr Denken bildeten? Denn dies wäre ja die Voraussetzung der Verwendung der Namen zur Mitteilung, wofern man sich wirklich verständigen wollte. Dagegen ist es leicht begreiflich, wie die Namen erst als Zeichen zur Mitteilung dienend endlich aufs engste mit den Vorstellungen associiert Merkmale derselben wurden, während es unerklärlich bleibt, wie Namen, welche dem einzelnen als Merkmale seiner Vorstellungen dienten, zu Verständigungszeichen einer großen Zahl von Menschen hätten werden können (vergl. § 18).

Berechtigter scheint jedoch die hohe Wertschätzung der Namen als Merkmalen der Vorstellungen in der gemäßigteren Fassung, in welcher sie sich ebenfalls bei HOBBES findet, daß die Namen zur Ausbildung der Philosophie nötig gewesen seien; denn die einzelnen, abstrakten Merkmale der Dinge werden durch die Namen mehr isoliert und in der Vorstellung gestärkt; hierin liegt ein bedeutender Vorteil für das abstrakte Denken, den wir später mehr würdigen werden.

Wir können also der Definition, welche HOBBES vom Namen giebt, uns nicht völlig anschließen: Die Namen sind nicht ursprünglich nur Hilfsmittel des eigenen Denkens gewesen, sondern waren anfangs Verständigungszeichen; doch soll damit nicht geleugnet werden, daß sie heute wesentliche Hilfsmittel des Denkens sind. Auch die Willkürlichkeit der Benennung, welche HOBBES annimmt, war jedenfalls bei der Entstehung der Sprache nicht sehr groß, weil man sicherlich bereits vorhandene unwillkürliche Zeichen oft willkürlich zur Mitteilung benutzte; heutzutage aber besteht allerdings insofern völlige Willkür, als die Bedeutung der Wörter rein konventionell geworden ist. Daher ist aber auch heute die Sprache kein unfehlbahres Zeichen dessen, was in den redenden Menschen gedacht wird, sondern nur dessen, was der Redende vom Hörenden gedacht wissen will.

§ 9. Die Namen der Sprache teilt HOBBES nach den vier Arten benannter Dinge ein, deren wichtigste die letzte, nämlich die Namen von Namen, sei. Darunter versteht HOBBES die Allgemeinnamen oder Gattungsnamen, welche mehrere Namen, wie er sagt, benennen und von Einzelvorstellungen begleitet worden; denn er sagt ausdrücklich [1]: respondentes ipsis (scil. nominibus universalibus)· in animo sunt singularium animalium vel aliarum rerum imagines et phantasmata. Unser Vorstellungsvermögen, facultas imaginativa, meint er weiter, verursache dann, daß man, obgleich Einzelvorstellungen vorstellend, doch von einem abstrakten Begriffe reden könne. Nach der Auffassung von HOBBES faßt also z. B. der Name „Pferd" die Namen „Schimmel, Stute, Hengst u. a." zusammen; vorgestellt werden bei dem Namen „Pferd" mehrere Pferde doch mit dem Bewußtsein, daß man alle ähnlichen Individuen meint. Wir müssen betonen, daß HOBBES selbst seine Auffassung weder durch Beispiele noch sonst weiter erläutert; ist aber unsere Deutung der HOBBES'schen Worte richtig, so behauptet er also dreierlei:

1) daß den Allgemeinnamen keine allgemeinen Vorstellungen, sondern nur die Vorstellungen mehrerer Einzelwesen der durch den jedesmaligen Allgemeinnamen bezeichneten Gattung entsprechen;

2) daß der Allgemeinname mehrere andere Namen benennt;

3) daß die Verwendung dieser Einzelvorstellungen an Stelle einer allgemeinen Vorstellung nur durch den Allgemeinnamen und die an ihn geknüpfte facultas imaginativa möglich sei.

Den ersten Teil des ersten Satzes, daß es keine allgemeinen Vorstellungen im Geiste gäbe, unternimmt HOBBES nicht weiter zu beweisen; es steht ihm einfach fest, daß es nichts Allgemeines giebt außer den Namen der Dinge [2]; er weist nur darauf hin, daß alle Begriffe örtlich und zeitlich bestimmt sein müßten [3]. Hiermit kommt er allerdings dem ausführlichen Beweise, wie HUME ihn später gab, nahe; denn die Forderung der Bestimmtheit läßt eben Allgemeinbegriffe unmöglich erscheinen; nur handelt es sich nicht um eine örtliche und zeitliche, sondern um qualitative und quantitative Bestimmtheit. Aber auch über die den Allgemeinnamen begleitende Vorstellung ist HOBBES sich durchaus nicht klar. Das geht schon daraus hervor, daß der Allgemeinname nach HOBBES nicht die dabei vor-

---

1) HOBBES, El. phil. I 2.
2) HOBBES, Lev. de hom. cap. 4.
3) ibid. cap. 3.

gestellte Vorstellung, sondern eine Anzahl anderer Namen benennt; eine widerspruchsvolle Ansicht; denn die Bedeutung eines Namens liegt doch in der Vorstellung, welche er benennt; wie kann denn der Name, bei dem mehrere Einzelwesen vorgestellt werden, andere Namen benennen sollen, also etwas anderes bedeuten als er eigentlich bedeutet? Doch betrachten wir zunächst den geistigen Inhalt der Allgemeinnamen!

Dieser wird nach Hobbes von mehreren Einzelvorstellungen oder vielmehr von einer Einzelvorstellung mehrerer Wesen derselben Gattung gebildet. Allerdings kann z. B. der Name „Baum" für viele Einzelvorstellungen und Namen wie „Linde, Apfelbaum, Eiche" u. s. w. gebraucht werden, aber darum benennt doch der Name Baum weder alle diese Einzelvorstellungen noch Namen. Ich stelle mir keineswegs bei dem Namen „Baum" alle möglichen Bäume oder auch nur mehrere derselben vor; ich will keineswegs alle diese Einzelvorstellungen damit zusammenfassen, sondern nur gewisse allen Einzelvorstellungen gemeinsamen Merkmale. Wenn ich z. B. im allgemeinen von den Vorteilen rede, welche einer Gegend aus der Nähe eines Flusses erwachsen, so will ich durchaus nicht von allen möglichen, großen und kleinen, tiefen und flachen Flüssen reden, sondern nur zeigen, welchen Vorteil ein Land aus den allen Flüssen gemeinsamen Eigenschaften ziehen kann.

Daher scheint die Annahme mehrerer vorgestellten Einzeldinge bei einem Allgemeinnamen unhaltbar zu sein.

Wie aber sollen wir uns nun die Ansicht Hobbes', daß der Allgemeinname mehrere andere Namen benenne, erklären?

Es umfaßt also z. B. der weite Allgemeinname „Tier" vielleicht zunächst die Namen: „Säugetiere, Fische, Vögel" u. a., unter diese fallen wieder andere Namen je nach den Klassen der Tiere, und selbst der untersten Stufe der Gattung entsprechen noch mehrere untereinander verschiedene Einzelwesen. Es baut sich also über der zahllosen Menge der Einzeldinge stockwerkartig ein Gefüge verschiedener Zusammenfassungen d. h. Namen von Arten, Klassen, Gattungen auf, z. B. nach folgendem Schema (die Buchstaben bezeichnen Namen):

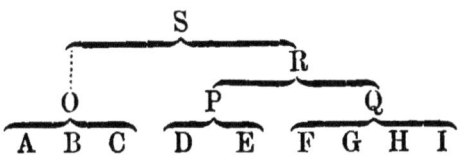

Hier ist also nach Hobbes Q der Name von F G H I, R der Name von P Q, S der Name von O, R und allen unter diesen stehenden Namen. Diese Ansicht könnte deswegen einleuchtend erscheinen, weil ja nur auf der untersten Stufe hinter dem Namen eine voll entsprechende Einzelvorstellung steht, während bei allen höher stehenden Namen dies nicht direkt der Fall scheint.

Aber dringen wir tiefer in das Wesen der Namen ein und fragen: was heißt denn benennen und Namen benennen? Man benennt ein Ding, indem man demselben einen Namen beilegt, sei es willkürlich, sei es aus besonderen Gründen. Wenn man aber mehrere Dinge gemeinsam benennt, so thut man das nach ganz bestimmten Gesichtspunkten, nämlich nach einer gewissen Gemeinsamkeit der Dinge untereinander; denn was sollte sonst ihre Zusammenfassung veranlassen? Eine Benennung bloßer Namen könnte also auch nur nach dem, was sie selbst gemeinsam haben, also vielleicht nach lautlichen oder anderen formellen Gemeinsamkeiten geschehen; es liegt aber offenbar bei einem solchen Schema, wie dem oben stehenden, eine andere Gemeinsamkeit zu Grunde, nämlich Gemeinsamkeit unter den von den Namen bezeichneten Vorstellungen. Denn unsere Namen von Klassen, Gattungen und Arten bezeichnen stets das Beisammensein bestimmter, abstrakter Eigenschaften der vorgestellten Dinge; darum kann, wenn wirklich nach unserem Schema hinter den untersten Namen (A—I) vollentsprechende Vorstellungen stehen, z. B. hinter E Vorstellung E und nur diese, hinter P sowohl Vorstellung E als Vorstellung D, hinter R Vorstellung D oder E oder F u. s. w. stehen, und hinter S jede beliebige Vorstellung A bis I. Dies ist darum möglich, weil ja jedes Einzelding die Eigenschaften, die S bezeichnet, in sich vereint.

Dies wird sofort einleuchten aus dem folgenden Schema,

in welchem die großen Buchstaben Namen, die kleinen Buchstaben die von ihnen bezeichneten Merkmale bedeuten:

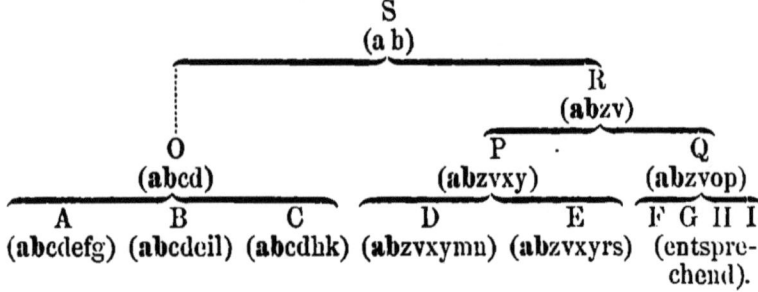

Somit benennt der allgemeine Name weder andere Namen, wie Hobbes meint, noch zahlreiche Einzelvorstellungen, wie man mit Beseitigung des oben erwähnten Widerspruches vermuten könnte, sondern eben das, wofür er gegeben ist, nämlich eine gewisse Zahl von mehreren Dingen gemeinsamen Eigenschaften. Es liegt also die allgemeine Verwendung des Namens nicht in dem Namen selbst begründet, sondern darin, daß mehrere Dinge gewisse Eigenschaften gemeinsam besitzen.

Nun meint allerdings Hobbes, wie oben an dritter Stelle hervorgehoben wurde, daß den Allgemeinnamen noch ein Bewußtsein begleite, daß er bald diese bald jene Vorstellung hervorrufe (facultas imaginativa) und so die vorgestellten Einzeldinge nicht die allein möglichen Vorstellungen seien. Wenn ich also nach Hobbes mir bei dem Namen „Pferd" einen Schimmel und einen Rappen vorstelle, so soll ich mir zugleich bewußt sein, daß ich ebensogut auch irgend andere Pferde vorstellen könnte. Aber von einem solchen Bewußtsein finde ich in mir keine Spur; dasselbe ist auch nicht nötig, weil mit dem Namen „Pferd" nicht alle möglichen Pferde rein äußerlich zusammengefaßt, sondern wegen der Gemeinsamkeit gewisser Eigenschaften benannt sind. Eben weil der Name eine Vereinigung gewisser Eigenschaften bezeichnet, welche sich in jeder unter den Allgemeinnamen fallenden Einzelvorstellung finden, so kann jede Einzelvorstellung der Gattung bei dem Allgemeinnamen vorgestellt werden, wenn nur ihre wesentlichen Merkmale besonders beachtet werden. Hierzu aber ist eine Fähigkeit des Geistes erforderlich, welche später näher zu betrachten sein wird, vielleicht aber schon von HOBBES unter dem Namen jener „facultas imaginativa" geahnt wurde.

Die Auffassung HOBBES' vom Wesen der Allgemeinnamen und ihrer allgemeinen Verwendung leidet an einer oberflächlichen Ansicht vom Wesen der Benennung, an einem Haften an den Zeichen, welches HOBBES auch veranlaßte, den ganzen Denkprozeß als ein dem Rechnen ähnliches Operieren aufzufassen.

§ 10. HOBBES sowohl wie die folgenden Philosophen standen unter dem Banne der Mathematik, deren staunenswerte Erfolge die Hoffnung erregten, daß auch die übrigen Wissenschaften, nach mathematischer Methode behandelt, gleich große Fortschritte machen würden. Stellte daher später CONDILLAC direkt den Grundsatz auf, alle Wissenschaften und besonders die Philosophie seien nach mathematischer Methode fortzuführen, so hält auch schon HOBBES das vernünftige Denken für ein Addieren und Subtrahieren der Wörter im Satze, der Sätze im Urteil, der Urteile im Schlusse.

Wir werden bei CONDILLAC näher auf das Verhältnis des gewöhnlichen Denkens zum mathematischen Operieren eingehen (§ 21); hier sei nur darauf hingewiesen, daß doch auch in der Mathematik nicht rein äußerlich Zeichen zusammengesetzt werden. Denn nicht die Zeichen 3 und 2 geben zusammen 5, sondern 3 Dinge und 2 Dinge sind zusammen 5 Dinge; ebensowenig kann von einem einfachen Zusammenfügen und Trennen von Wörtern gesprochen werden, sondern Vorstellungen werden vereint oder getrennt. Nun kann man freilich in der Rechnung von der speziellen Bedeutung der Zahlen darum absehen, weil man irgend eine beliebige Größe sich bei denselben denken darf, und man kann mit den Zahlen ohne Rücksicht auf die Beschaffenheit der gezählten Dinge operieren, weil die Größenverhältnisse von allen Dingen gelten und einfache Größen stets beliebig vereint oder getrennt werden können. Aber die Wörter besitzen nicht diese gleichartige Geltung wie die Zahlen, sondern bezeichnen teils Dinge teils Eigenschaften u. s. w., welche keineswegs beliebig zusammengesetzt oder getrennt werden können.

Allerdings glaubt HOBBES eine Regel für die Zusammenstellung der Wörter gefunden zu haben, welche ihn zugleich veranlaßt, doch noch ein gewisses Bedeutungsbewußtsein beim

Wortdenken anzunehmen, nämlich daß im Satze stets nur Namen von derselben Art benannter Dinge zusammengestellt werden dürften, und daß man sich stets bewußt bleiben müßte, welcher Art benannter Dinge die Namen angehörten, die man gerade verwendete. Aber einmal würde diese Regel wenig nützen, weil, wie Hobbes selbst sagt, die meisten und wichtigsten Namen der vierten Art benannter Dinge angehören, vielmehr würde sie sogar zu falschen Sätzen führen, weil weder alle Namen der vierten Art beliebig verbunden werden können, noch alle Verbindungen zwischen Namen von verschiedenen Arten benannter Dinge falsch sind. Daß man nicht alle Namen derselben Art beliebig verbinden kann, leuchtet ein, andererseits kann kein Zweifel darüber bestehen, daß Sätze wie: planta est corpus, wobei „planta" nach Hobbes ein nomen nominum, „corpus" ein nomen corporum ist, oder wie corpus est extensio quaedam, wobei extensio ein nomen accidentium ist, zulässig sind.

So wenig also das Denken ein einfaches Operieren mit Namen ist, so wenig sind alle Fähigkeiten des Geistes Künste der Worte; lassen sich doch Fälle nachweisen, in denen eine gewisse Unabhängigkeit des Denkens von der Sprache zu tage tritt.

Heute zweifelt wohl niemand mehr an der Thatsache, welche freilich von Hobbes [1]) geleugnet wird, daß die Kinder schon vor dem Besitze der Sprache denken können; die Kinder haben Gedächtnis, besonders für die Personen ihrer Umgebung, sie sammeln Erfahrungen über Lust- und Unlusteindrücke und suchen selbst erstere herbeizuführen, letztere zu meiden; sie verstehen Geberden und auch Worte eher, als sie selbst sich verständlich machen können.

Dazu kommt ferner, daß sich dieselben Ideen und Gedankengänge in verschiedenen Sprachen, ja innerhalb derselben Sprache verschieden ausdrücken lassen, je nach der Erfahrung und augenblicklichen Lage des Sprechenden. Andererseits hat ein jeder an sich erfahren, wie schwer es oft ist, den richtigen Ausdruck für das, was man meint, zu treffen, so daß man oft das, was man wirklich ausdrückt, hinter dem, was man ausdrücken möchte, zurückstehen fühlt. Endlich operieren wir doch öfter einfach mit konkreten Bildern, z. B. im Traume, wo

---

1) Hobbes, Lev. de hom. cap. 5.

sich die Vorstellungen meist ohne Worte mit großer Schnelligkeit aneinanderreihen, oder sogar wachend, wenn wir z. B. an einen Gegenstand denken, dessen Vorstellung, aber nicht dessen Namen wir kennen.

Geht aus dem Angeführten die Existenz eines vorauseilenden und begleitenden, ja bisweilen ganz selbständigen Denkens gegenüber der Sprache hervor, so soll keineswegs der ungeheure Wert der Sprache für das Denken geleugnet werden, zumal für das abstrakte Denken, dessen Art, die Worte zu benutzen, wir später eingehender betrachten werden.

Drittes Kapitel: Berkeley.

§ 11. BERKELEY beginnt seine Untersuchung des Wesens der abstrakten Begriffe mit der Frage nach der Abstraktionsfähigkeit der Menschen. Die Menschen besitzen die Gabe, nicht nur die wahrgenommenen Dinge sich vorzustellen, sondern auch gewisse einzelnen Teile der Vorstellungen gesondert zu betrachten und willkürlich zusammenzusetzen; so kann man sich, nachdem man einen Menschen wahrgenommen hat, einzeln seinen Kopf, Hand u. s. w. ins Gedächtnis zurückrufen, andererseits sich einen Mann mit zwei solchen Köpfen vorstellen [1]. Aber was man sich auch immer für eine Hand, Kopf u. s. w. vorstellen mag, so muß dieser Hand oder diesem Kopfe eine bestimmte Gestalt und Farbe zukommen; man kann sich nicht gesondert Gestalt ohne Farbe oder Farbe ohne Gestalt vorstellen. Man kann also nicht diejenigen Eigenschaften voneinander durch Abstraktion trennen oder gesondert betrachten, welche nicht möglicherweise gesondert existieren können; daher ist es unmöglich, einen allgemeinen Begriff durch Abstraktion von dem besonderen zu bilden [2]. Ebensowenig kann man sich — was LOCKE [3]

---

1) BERKELEY, treatise concern. the princ. of hum. knowledge introduct. § 10.
2) BERKELEY, treat. introd. § 10.
3) LOCKE, on human understanding IV 7, 9.

behauptet — ein Dreieck vorstellen, das weder schiefwinklig, gleichseitig, gleichschenklig noch ungleichseitig, sondern alles und zum teil nichts hiervon wäre [1]). Daß man aber trotzdem so lange an die Existenz allgemeiner Begriffe und Vorstellungen geglaubt hat, kommt vom sprachlichen Ausdruck her; denn man nahm an, jeder Name habe oder solle doch eine einzige, feste Bedeutung haben. Daher glaubte man denn, es gäbe gewisse, abstrakte Ideen, welche die wahre und unmittelbare Bedeutung eines jeden Gemeinnamens ausmachten, und man wurde in diesem Glauben noch bestärkt durch die Erkenntnis des hohen Wertes dieser Abstrakten, durch welche allein alle Erkenntnis und Beweisführung möglich ist. Jedoch man hat sich täuschen lassen; vielmehr giebt es im Geiste gar keine solche abstrakten Vorstellungen angeknüpft an Gemeinnamen, sondern alle Gemeinnamen bezeichnen unterschiedlos eine große Zahl einzelner Ideen, deren jede der Gemeinname als Zeichen anregt, und sind daher allgemein [2]).

Doch könnte man sagen: „Wenn alle Dinge individuell sind, wie kommen wir denn zu allgemeinen Ausdrücken?" und man könnte glauben, die Worte wären darum allgemein, weil sie zu Zeichen allgemeiner Ideen gemacht werden. Es soll auch nicht geleugnet werden, daß es allgemeine Ideen giebt, sondern nur, daß es abstrakte, allgemeine Ideen giebt. Nicht durch Abstraktion, sondern dadurch, daß eine Idee, die an und für sich betrachtet individuell ist, alle anderen Einzelideen derselben Art vertritt, wird die Einzelidee allgemein, und der Allgemeinname ist nicht dadurch allgemein, daß er Zeichen einer allgemeinen Idee ist, sondern weil er unterschiedlos eine große Zahl von Einzelideen bezeichnet [3]).

Der Satz: „Die Veränderung der Bewegung ist proportional der ausgeübten Kraft" oder „was Ausdehnung hat, ist teilbar" ist jedesmal von Bewegung und Ausdehnung im allgemeinen zu verstehen. Dennoch folgt nicht, daß man sich eine

---

1) BERKELEY, treat. introd. § 13.
2) BERKELEY, treat. introd. § 18—20.
3) BERKELEY, treat. introd. § 12: we shall acknowledge that an idea which, considered in itself, is particular, becomes general by being made to represent or stand for all other particular ideas of the same sort.

abstrakte Idee von Bewegung ohne bewegten Körper oder eine bestimmte Richtung und Geschwindigkeit, noch daß man sich eine abstrakte Idee der Ausdehnung bilden müsse, die weder Linie, noch Fläche, noch sonst was sei, sondern es liegt im Satze nur, daß, welche Bewegung ich auch immer betrachten mag, eine schnelle, eine langsame oder eine andere, oder welche Ausdehnung ich auch ins Auge fasse, eine Linie oder eine Fläche, es das betreffende Axiom gleichmäßig bewahrheitet [1]).

Ebenso ferner wie in der Geometrie die wirkliche Linie dadurch, daß sie als Zeichen dient, allgemein wird, so ist der Name „Linie", der an sich partikular ist, dadurch, daß er als Zeichen dient, d. h. verschiedene, einzelnen Linien unterschiedlos bezeichnet, allgemein [2]). Eben weil die Allgemeinheit nicht in einem absoluten, positiven Wesen oder Begriffe von irgend etwas, sondern in der Beziehung besteht, in welcher etwas zu anderem Einzelnen steht, welches dadurch bezeichnet oder vertreten wird — darum werden Namen der Begriffe, die ihrer Natur nach partikular sind, allgemein, indem sie mehrere einzelnen Dinge bezeichnen. In der Vorstellung des Sprechenden ist beim Gebrauche eines Allgemeinnamens stets eine Einzelvorstellung; wer vom Dreieck spricht, denkt sich doch ein bestimmtes, einzelnes Dreieck, dessen Vorstellung nur insofern allgemein ist, als es alle anderen Dreiecke vertritt [3]).

Man kann ein Dreieck z. B. nur als Dreieck betrachten, ohne auf die besonderen Eigenschaften der Winkel zu achten, aber das beweist nicht, daß man sich die abstrakte Idee eines Dreiecks bilden kann [4]).

Aber es ist auch eine Bedeutungsvorstellung nicht immer nötig; selbst bei den strengsten Gedankenverbindungen brauchen nicht Namen, die etwas bedeuten und Ideen vertreten können, im Geiste dieselben Ideen zu erwecken. Denn meistenteils werden die Gemeinnamen beim Lesen und Sprechen gebraucht wie die Buchstaben in der Algebra, wo zwar durch jeden Buchstaben eine bestimmte Quantität bezeichnet wird,

---

1) BERKELEY, treat. introd. § 11.
2) ibid. § 12.
3) ibid. § 15.
4) ibid. § 16.

aber es zum Zwecke des richtigen Fortganges der Rechnung nicht erforderlich ist, daß bei jedem Schritte jeder Buchstabe die bestimmte, von ihm vertretene Quantität ins Bewußtsein treten lasse [1]).

§ 12. So hat BERKELEY mit Bewußtsein den psychologischen Nominalismus erklärt. Es ist BERKELEY's großes Verdienst, auf die Grenzen der Abstraktion hingewiesen zu haben und auf die Unmöglichkeit des Abstrahierens von begrifflichen Teilen der Vorstellung, vorausgesetzt, daß „Abstrahieren" so viel bedeutet als gesondert vorstellen. Also: „von dem Körper die Farbe abstrahieren" heißt „eine Vorstellung der Farbe ohne Körper sich bilden". So gefaßt können wir BERKELEY's Ansicht nur billigen: eine Farbe, die ich mir vorstelle, bedeckt immer eine gewisse Fläche und ein Dreieck, welches ich mir vorstelle, hat immer ein bestimmtes Verhältnis der Winkel und Seiten. Dann fragt sich freilich sofort — und das hält schon ENGEL [2]) BERKELEY entgegen — wie denn diese Fläche, die ich bei jeder Farbe vorstelle, wie denn das Dreieck, das ich beim Namen „Dreieck" in mir bilde, bestimmt sei. Darauf bleibt BERKELEY die Antwort schuldig, erst HUME geht näher auf dieselbe ein.

BERKELEY hat folgendes Kriterium für die Möglichkeit der Abstraktion: daß man nicht diejenigen Eigenschaften voneinander durch Abstraktion trennen könne, welche nicht möglicherweise gesondert existieren könnten. Hiermit spricht er allerdings die Unmöglichkeit der gesonderten Vorstellung von Begriffsteilen aus, aber er setzt zugleich der Abtrennung von Vorstellungsteilen überhaupt Schranken, die er nicht ziehen durfte. MEINONG [3]) hat besonders noch darauf hingewiesen, daß die Konsequenz jenes BERKELEY'schen Kriteriums auch wäre, daß wir völlig außer stande wären, die Idee eines Gegenstandes von der einer ganz bestimmten Umgebung zu abstrahieren. Daß wir dennoch diese Fähigkeit besitzen, führt MEINONG gewiß mit Recht auf unser Vermögen, gewisse Teile der Wahr-

---

1) BERKELEY, treat. introd. § 19.
2) ENGEL, Über die Realität allgem. Begriffe in J. ENGEL's Schriften 10. Bd.
3) MEINONG, Hume-Studien I S. 12 ff. 1877 (resp. 196 in den Sitzungsber. der Wien. Akademie 87. Bd.)

nehmung stärker, ja fast ausschließlich zu beachten, zurück. Kann man aber auch die Aufmerksamkeit ausschließlich auf begriffliche Teile richten? Sicher ist, daß dieses auch in gewissem Maße möglich ist, aber so ausschließlich, wie ich beim Anblick eines Menschen z. B. dessen Kopf betrachten kann, vermag ich niemals z. B. bei einem Hause nur die Farbe zu beachten; ich kann lange und aufmerksam den Kopf eines Menschen anschauen, ohne nachher vielleicht zu wissen, wie der ganze Mensch gekleidet war, aber es ist unmöglich, daß ich nach aufmerksamer Betrachtung der Farbe eines Hauses nicht auch des Hauses selbst mich deutlich erinnere.

Daher stimmen wir BERKELEY soweit bei, daß Begriffsteile nicht getrennt vorgestellt, somit keine selbständigen, abstrakten Vorstellungen gebildet werden können; und wir halten es auch für einen ungemein richtigen Einblick in das Denken des Menschen, wenn BERKELEY der Sprache die Hauptschuld an der Entstehung des Glaubens, es gäbe abstrakte Vorstellungen, zuschreibt und darauf hinweist, daß hinter den allgemeinen Namen oben keine direkt entsprechende Vorstellung stehe, eine Bemerkung, die wir uns weiter unten zu nutze machen werden.

Wie erklärt nun aber BERKELEY positiv die allgemeinen Ideen, allgemeinen Namen und ihr gegenseitiges Verhältnis? Hier gebührt MEINONG [1]) das Verdienst, auf eine Lücke der BERKELEY'schen Theorie hingewiesen zu haben. „Es steht", sagt er, „der allgemeine Begriff wie das allgemeine Wort in gleicher Weise denselben partikulären Ideen als deren Zeichen gegenüber. Aber wie verhalten sich allgemeines Wort und allgemeiner Begriff zueinander? Sie sind nicht identisch, denn die allgemeine Idee ist ja, wie gesagt wurde, ihrer Natur nach den partikulären Ideen gleichartig, die sie vertritt — nicht so das allgemeine Wort. Dieses ist aber auch nicht ein Zeichen für die allgemeine Idee, denn es bezeichnet alle partikulären Vorstellungen derselben Art unterschiedlos."

In der That scheinen bei BERKELEY allgemeine Namen und allgemeine Vorstellungen in gar keinem Verhältnisse zueinander zu stehen. Mit Recht weist MEINONG die Deutung K. FISCHER's zurück; daß die Worte Zeichen allgemeiner Vorstellungen seien,

---
1) MEINONG a. o. S. 7 (resp. 191).

welche selbst wieder Zeichen für eine Reihe gleichartiger Vorstellungen seien. Es ist unleugbar, daß bei BERKELEY ebensowohl die allgemeinen Namen wie die allgemeinen Begriffe eine Anzahl partikulärer Ideen bezeichnen. Aber allgemeine Vorstellung und allgemeine Namen stehen diesen partikularen doch nicht so gleich gegenüber, wie MEINONG meint, denn die allgemeine Vorstellung ist ja nach BERKELEY's Ansicht nur gelegentlich allgemein, d. h. wenn sie nämlich andere gleichartige vertritt, was sie aber nicht immer thut, dagegen ist der allgemeine Name seinem Zweck und Wesen nach immer und notwendig allgemein.

Es ist also BERKELEY's Meinung, daß eine bestimmte, partikulare Idee den Allgemeinnamen begleitet, so daß, wenn man z. B. von einem „Baum" redet, jeder sich einen bestimmten Baum vorstellt. In der That wird bei einem Gattungsnamen irgend ein der Vorstellung zufällig nahe liegendes Einzelding der Gattung vorgestellt; ich kann mir meinen Schimmel, den ich besitze, ebensowohl vorstellen, wenn ich vom „Pferde" rede, wie wenn ich direkt von „meinem Schimmel" spreche.

Aber wie kann ohne große Nachteile für das abstrakte Denken die Vorstellung eines Einzeldinges statt einer allgemeinen Vorstellung eintreten?

Diese Frage übersah BERLELEY, denn er verfiel in dieselbe Unklarheit, wie HOBBES, zu glauben, ein Name könne zweierlei bezeichnen. Er bedenkt nicht, daß, wenn ich mir bei einem Namen eine Einzelvorstellung vorstelle, der Name eigentlich nur diese Vorstellung bezeichnet und nicht zugleich unterschiedslos viele, und daß die Möglichkeit, den Namen auch anderen ähnlichen Vorstellungen beizulegen, eben auf eine besondere Vorstellung des Dinges hinweist.

BERKELEY übersah jedoch diese Folgerung, weil er das Wesen der Allgemeinheit zu oberflächlich auffaßte; freilich bemerkte er im gewissen Sinne richtig, daß die Allgemeinheit nur durch eine Beziehung zu stande kommt; aber mit Unrecht glaubt er, dies geschehe durch eine Beziehung zu vielen Einzeldingen. Vielmehr handelt es sich hier um eine Beziehung zwischen vielen Einzeldingen. So wäre ein Name, der rein äußerlich wie eine Klammer vielerlei Dinge zusammenfaßte, dadurch noch nicht allgemein, sondern nur kollektiv, aber weil der Allgemeinname, wie wir bei Hobbes sahen, diese Einzeldinge nur insofern zusammenfaßt, als sie gewisse Eigenschaften gemeinsam besitzen, so ist er eben darum allgemein und kann zugleich jedem Einzelding der Gattung beigelegt werden, weil die Eigenschaften, welche er bezeichnet, in jedem Einzelding der Gattung vorhanden sind. Es liegt also — gewissermaßen gerade umgekehrt als wie Berkeley glaubte — die allgemeine Geltung des Namens nicht im Namen selbst, sondern in den Einzeldingen begründet, dagegen beruht die allgemeine Geltung der jedesmal vorgestellten partikularen Idee auf dieser selbst, beziehungsweise auf der Art, wie sie vorgestellt wird, weil man in ihr nur die wesentlichen Merkmale besonders beachtet.

Daß Berkeley dieser Vorgang keineswegs unbekannt war, zeigen einige seiner Bemerkungen [1]), aber er wandte demselben nicht die Beachtung zu, welche derselbe wohl verdiente; und so bleibt denn von der ganzen Theorie Berkeley's nur der eine Satz bestehen, daß ein Allgemeinname von einer Einzelvorstellung begleitet wird.

§ 13. Endlich erwähnt auch Berkeley jenen Vergleich des Denkens mit dem Rechnen, welchen wir schon bei Hobbes antrafen, doch findet Berkeley eine Ähnlichkeit beider besonders in dem Gebrauche der Zeichen ohne stete Vergegenwärtigung ihrer Bedeutung. In der That erfolgt beim schnellen Sprechen keineswegs eine vollkommene Vorstellung der Wortbedeutungen; wenige abstrakte Beziehungen, nur die wesentlichsten Züge der Vorstellungen treten hervor; alle Gebildeten und noch mehr die Ungebildeten führen oft allgemeine Urteile und überhaupt stehend gewordene Wortverbindungen rein gewohnheitsmäßig und fast ohne Bedeutungsbewußtsein an. Daß aber selbst bei den strengsten und schwierigsten Gedankenverbindungen diese Unklarheit der Vorstellungen, dieses Ope-

---

1) Berkeley, treat. introd. § 16: Es muß hier zugegeben werden, daß es möglich ist, eine Figur bloß als Dreieck zu betrachten, ohne daß man auf die besonderen Eigenschaften der Winkel oder Verhältnisse der Seiten achtet.

introd. § 22: Die Übereinstimmungen und Verschiedenheiten zu unterscheiden, die zwischen unseren Ideen bestehen, — — — dazu ist nicht mehr erforderlich als eine aufmerksame Wahrnehmung dessen, was in meinem denkenden Geiste vorgeht.

rieren fast mit bloßen Namen ebenfalls meistenteils statthabe, können wir nicht zugeben. Hier scheint vielmehr MARTY[1]) im Rechte zu sein, wenn er ausführt: „Die Meinung, man könne beliebig in Worten ohne Anschauungen denken, ist am gefährlichsten gerade auf philosophischem Gebiete. Weil die hierher gehörigen Begriffe in sich selbst schwer faßbar sind, macht sich naturgemäß gerade hier am meisten das Wort neben ihnen breit und ist die Neigung „aus Worten ein System bereiten" größer als anderswo. Da aber die Terminologie zugleich nirgends weniger exakt und scharf, überhaupt weniger der mathematischen ähnlich ist als gerade im Gebiete der Metaphysik und Psychologie, so ist der Boden für ein symbolisches Denken hier weniger günstig als irgendwo, und nirgends kommt es so sehr darauf an, daß der Forscher die Bedeutung jedes terminus, mit dem er umgeht, sich in den konkreten Erfahrungen, aus denen der betreffende Begriff abstrahiert ist, lebendig vergegenwärtige."

Viertes Kapitel: Hume.

§ 14. HUME bewunderte BERKELEY's Nachweis, daß es keine abstrakten Begriffe gäbe, als eine der größten Thaten der Philosophie[2]); daher sucht er selbst BERKELEY's Behauptung noch durch genauere Beweise zu stützen und seinerseits das Wesen der sogenannten abstrakten Begriffe zu erklären.

Er geht zunächst von unsern Vorstellungen überhaupt aus. Alle unsere Vorstellungen, ideas, entstehen aus unseren Empfindungen, impressions[3]); denn wenn wir unsere Gedanken und Vorstellungen, so zusammengesetzt oder abstrakt sie immer sein mögen, analysieren, so lassen sich dieselben allemal in solche einfachen Vorstellungen auflösen, die eine vorhergegan-

---

1) Vierteljahrsschrift für wiss. Philos. 8. Jahrg. MARTY, „Über subjektlose Sätze" S. 336 ff.
2) HUME, a treatise of human nature. London 1739. B. I part I sect. 7. S. 38.
3) HUME a. o. B. I part I sect. 1.

gene Empfindung zum Gegenstande haben; zweitens steht fest,
daß, wenn Jemand wegen mangelnden Organs für gewisse Empfindungen keine Empfänglichkeit hat, derselbe ebensowenig
der Vorstellungen fähig ist, die jenen Eindrücken entsprechen.
Es sind also alle unsere Vorstellungen die Abbilder und zwar,
wie die Erfahrung lehrt, die schwächeren Abbilder unserer
Empfindungen. Eine weitere Abstufung der Stärke findet nun
auch noch unter den Vorstellungen selbst statt: die einen haben
noch einen beträchtlichen Grad von Lebhaftigkeit; diese befinden sich als in der Mitte stehend zwischen Empfindung und
Vorstellung im Gedächtnis, welches sie in der den Eindrücken
entsprechenden Ordnung bewahrt.

Die andern dagegen haben gänzlich die Lebhaftigkeit verloren; diese befinden sich als reine Vorstellungen, perfect ideas,
schwach und schwer festzuhalten in der Einbildungskraft, welche
die Vorstellungen beliebig umstellen und verändern, und wo
sie einen Unterschied zwischen denselben bemerkt, trennen
kann [1]).

Zu diesen letzteren Vorstellungen zählen auch unsere allgemeinen Begriffe; doch bilden diese keine besondere Gattung
von Vorstellungen, sondern sind im Grunde nur individuelle
Begriffe, welche nur als allgemeine funktionieren. Dies ergiebt
sich aus folgender Überlegung.

Sicherlich repräsentiert der abstrakte Begriff „Mensch"
Menschen von allerlei Größen und Eigenschaften; dies kann nur
dadurch möglich sein; daß er entweder alle möglichen Größen
und Eigenschaften auf einmal in sich begreift, oder dadurch,
daß er gar kein Individuum darstellt [2]). Letzteres hält man
gewöhnlich für richtig, ersteres aber für absurd; jedoch gegen
diese gewöhnliche Annahme spricht zweierlei: erstens die Unmöglichkeit eine Quantität oder Qualität vorzustellen, ohne
einen bestimmten Begriff ihrer Stärke zu bilden, und zweitens
das Vermögen unseres Geistes alle Grade der Quantität und
Qualität zugleich zu begreifen, wenigstens soweit es den Zwecken
unseres Denkens dienlich ist.

Der erste Satz, daß man keinen Begriff von Quantität und

---

1) Hume a. o. B. I part I sect. 3.
2) Hume a. o. B. I part I sect. 7.

Qualität ohne den bestimmten Begriff ihrer Stärke bilden kann, ergiebt sich aus folgenden Argumenten:

1. Was verschieden (different) ist, ist unterscheidbar (distinguishable), und was unterscheidbar ist, ist auch in der Einbildungskraft trennbar (separable); — und umgekehrt, was trennbar, ist auch unterscheidbar und daher verschieden. Wir brauchen also nur zu prüfen, ob das, wovon wir in unsern allgemeinen Begriffen abstrahieren, d. h. absehen, auch wirklich unterscheidbar und verschieden von dem ist, was als Wesentliches zurückbleiben soll; dann erkennen wir, ob die Abstraktion eine Trennung in sich schließt.

Da nun die bestimmte Länge einer Linie von der Linie selbst weder verschieden noch unterscheidbar ist, so kann man die Vorstellung der Linie nicht von derjenigen der Länge trennen, also keine Quantität und ebensowenig eine Qualität ohne bestimmten Grad vorstellen.

2. Jede Empfindung ist bezüglich des Grades der Quantität und Qualität bestimmt; unsere Vorstellungen sind aber, wie oben gezeigt, alle aus unsern Empfindungen entsprungen und nur schwächere Abbilder derselben; daher müssen auch unsere Vorstellungen graduell bestimmt sein.

3. Es ist ein allgemeiner Grundsatz der Philosophie, daß jedes Ding (every thing) in der Natur individuell ist, und daß es absurd ist, ein wirklich existierendes Dreieck anzunehmen, welches kein bestimmtes Verhältnis der Seiten und Winkel habe. Was in der Realität absurd ist, muß es auch in der Vorstellung sein, weil nichts, dessen klare und deutliche Vorstellung wir bilden können, absurd und unmöglich ist.

Ferner ist es dasselbe, die Vorstellung eines Gegenstandes zu bilden oder eine Vorstellung schlechtweg; denn die Beziehung der Vorstellung auf ein Objekt ist nur eine äußerliche Benennung, von der die Vorstellung kein Zeichen in sich trägt. Da es nun unmöglich ist, die Vorstellung eines Gegenstandes zu bilden, der Quantität und Qualität und doch keinen bestimmten Grad von beiden hat, so ist es also auch unmöglich, eine Vorstellung zu bilden, welche in dieser Hinsicht nicht bestimmt ist.

Abstrakte Ideen sind daher in sich selbst individuell, jedoch funktionell allgemein; im Geiste befindet sich nur das Bild eines besonderen, einzelnen Gegenstandes, aber es wird im Denken verwendet, als wäre es allgemein. Wie ist eine solche Verwendung unserm Denken möglich? Darauf antwortet der zweite oben angeführte Satz, daß wir uns eine, wenn auch unvollkommene, Vorstellung aller möglichen Grade der Quantitäten und Qualitäten machen können, wenigstens insoweit, als sie zu den Absichten unseres Nachdenkens und zur Mitteilung der Gedanken dient. Denn wir belegen Gegenstände, welche sich nur durch die Grade ihrer Quantität und Qualität unterscheiden, im übrigen aber ähnlich sind, darum sämtlich mit gemeinsamem Namen. Daher erwacht später, sobald wir den Namen hören, die Vorstellung eines dieser Gegenstände in der Einbildungskraft mit allen individuellen Zügen, und da nach der Voraussetzung dasselbe Wort öfter auf andere Individuen angewandt ist, welche in vielen Stücken von der der Seele vorschwebenden Vorstellung verschieden sind, so ist der Name zwar nicht im stande, die Vorstellung von allen diesen Individuen, welche alle möglichen Grade der Quantität und Qualität aufweisen, wieder zu erwecken, aber er giebt der Seele einen Anstoß und ruft jene Gewohnheit wieder ins Leben, die wir durch Überblicken jener Individuen erworben haben. Die Vorstellungen dieser Individuen sind nicht wirklich im Bewußtsein gegenwärtig, sondern bloß virtuell; wir ziehen sie in der Einbildungskraft nicht alle einzeln hervor, sondern wir halten uns in Bereitschaft, diejenigen von ihnen zu überblicken, zu denen wir durch Absicht oder Notwendigkeit eben veranlaßt werden. Das Wort erregt also eine individuelle Idee zugleich mit einer gewissen Gewohnheit, und diese Gewohnheit erzeugt irgend eine andere individuelle Idee, zu deren Vorstellung gerade Gelegenheit ist.

Da aber die Hervorbringung aller derjenigen Einzelvorstellungen, denen der Name zukommt, meistenteils unmöglich ist, so unterbrechen wir das Geschäft durch eine mehr besondere Betrachtung der einzelnen Begriffe, ohne daß aus dieser Verkürzung viele nachteiligen Folgen für unsere Schlüsse entständen.

Denn wenn wir über einen allgemeinen Begriff nachdenken und dabei nur ein Einzelding der betreffenden Gattung vorstellen, so erwacht sofort die diese Vorstellung begleitende Gewohnheit, noch andere Gegenstände derselben Gattung vorzustellen infolge des abstrakten und allgemeinen Namens, und wenn wir einen falschen Schluß machen, führt sie leicht eine andere individuelle Vorstellung herbei. Wenn wir z. B. bei dem Worte „Dreieck" die Idee eines besonderen, gleichseitigen Dreiecks bildeten und dann behaupten wollten, daß die drei Winkel des „Dreiecks" einander gleich seien, so steigen sofort die Vorstellungen ungleichseitiger Dreiecke in uns auf, um uns die Falschheit unserer Behauptung bemerkbar zu machen, obgleich der Satz hinsichtlich der zuerst gebildeten Vorstellung richtig war.

Diese Gewohnheit leitet so sicher, daß eben dieselbe Vorstellung an mehrere, verschiedenen Worte gebunden und zu verschiedenen Schlüssen gebraucht werden kann ohne eine Gefahr des Irrtums. So können wir ein gleichseitiges Dreieck vorstellen einerlei, ob wir von einer Figur, einer regulären Figur, einem Dreieck oder wirklich von einem gleichseitigen Dreieck reden.

Es wird also eine individuelle Vorstellung dadurch zu einem allgemeinen Begriff, daß man dieselbe an ein allgemeines Zeichen bindet, d. h. an ein Zeichen, welches vermöge der beständigen durch Gewohnheit eingeführten Verknüpfung mit mehreren anderen Individuen eine Beziehung auf dieselben hat und sie darum leicht in der Einbildungskraft wieder erweckt.

§ 15. Eine Kritik dieser Ansichten Hume's ist um so schwieriger, als schon die Erläuterung der oben meist wörtlich gegebenen Darstellung nicht leicht ist und vor allem durch zahlreiche Unklarheiten des Ausdrucks beeinträchtigt wird. Allerdings ist nun Meinong sehr scharfsinnig den Hume'schen Ausführungen nachgegangen, aber er hat dabei mehr für die Kritik als für die Erklärung gesorgt. Daher werden wir uns in erster Linie überall eine Erläuterung Hume's angelegen sein lassen. Zunächst ist es nötig, klar darüber zu sein, was Hume beweisen will.

Meinong [1]) behauptet, Hume wolle alle Abstraktion leugnen, und wundert sich dann, daß Hume nur von der Unmöglichkeit des Abstrahierens von Graden spreche.

Aber Hume selbst sagt nur, er wolle beweisen „that all

---

1) Meinong a. o. S. 43 (resp. 227).

general ideas are nothing but particular ones" und in demselben Kapitel sagt er, er zeige „the impossibility of general ideas according to the common method of explaining them"; er will also beweisen, daß die allgemeinen Ideen nicht so erklärt werden können, wie es gewöhnlich geschieht, nämlich als abstrakte, sondern daß sie partikulare sind. Leugnet HUME damit alle Abstraktion? Es scheint vielmehr aus den Worten HUMES: „whether abstraction implies separation" hervorzugehen, daß HUME einmal durchaus nicht alle Abstraktion bestreitet und zweitens eine Abstraktion ohne „separation" annimmt. Diese Ansicht wird durch folgende Erwägungen noch gestützt.

In den früheren Kapiteln [1]), besonders in demjenigen über die Einbildungskraft, hat er ausgeführt, daß die Einbildungskraft nach gewissen Regeln mit den Ideen operiere, indem sie einfache Ideen trenne und vereine, d. h. doch wohl aus den komplexen Ideen die einfachen trenne und dieselben anders wieder vereine; so könne man am Apfel Farbe, Geschmack und Geruch unterscheiden, d. h. den komplexen Eindruck in diese 3 einfachen Ideen zerlegen. Dies ist vollkommen klar: HUME scheidet den einzelnen Sinnen entsprechend einfache Ideen; daher zählt er auch — was MEINONG vermutet — sicher zur Farbe die Ausdehnung, weil beide durch dieselbe Sinneswahrnehmung gegeben sind. Man kann die einfachen Ideen in der Einbildungskraft trennen, weil man sie auch im Eindruck, impression, trennen könnte durch Ausschluß eines Sinnes, z. B. des Gehöres. So kann man sehr wohl einfach einen Geruch oder Geschmack ohne Ton vorstellen; die Trennung, separation, der einfachen Ideen erzeugt also einfache Ideen, welche nicht als Teile komplexer Vorstellungen, sondern für sich als selbständige Vorstellungen im Bewußtsein sein können.

Dies muß nach HUME abstraction which implies separation sein.

Von der Abstraktion ohne Trennung finden wir in dem Abschnitte von der distinctio rationis gehandelt. Allerdings hat MEINONG darauf verzichtet, diesen Teil zur Erklärung der HUME'schen Ansichten sofort herbeizuziehen, aber wir sehen uns nicht veranlaßt diesem Beispiele zu folgen. Denn einmal

---

1) HUME a. o. book I part I sect. III; sect. IV S. 26.

wäre Meinong's Vorgehen nur berechtigt, wenn ohne Berücksichtigung dieses Abschnittes Alles leicht zu erklären wäre; aber Meinong selbst erklärt wiederholt die Schwierigkeit, ja Unmöglichkeit, Hume hier voll zu verstehen. Zweitens ist Meinong an andern Stellen durchaus nicht gegen ein Heranziehen von ähnlichen Stellen, und endlich müssen uns doch die Beispiele und deren Erläuterung durch Hume die Auffassung dieses Philosophen näher rücken. Die hauptsächlichsten Stellen jenes Abschnittes sind [1]: „Es ist gewiß, daß es dem Verstande nie eingefallen wäre, die Figur von dem figurierten Körper zu scheiden, da sie in der Wirklichkeit weder getrennt noch verschieden sind, wenn er nicht bemerkte, daß eben in dieser Einfachheit verschiedene Ähnlichkeiten und Verhältnisse enthalten sind . . . . . . Nach einiger Übung . . . . fangen wir an, die Figur von der Farbe in dem Verstande zu unterscheiden, da sie doch der Realität nach dieselben sind. . . . . . . Ein Mensch, der da verlangt, daß man die Figur einer weißen Kugel betrachten solle, ohne an ihre Farbe zu denken, verlangt eine Unmöglichkeit, aber seine Meinung ist, daß wir zwar die Figur und Farbe zusammen betrachten können, aber wir sollen unser Augenmerk nur auf die Ähnlichkeit mit der schwarzen Kugel ohne Rücksicht auf ihre Farbe und Materie richten." Hier handelt es sich um Abstraktion innerhalb der Wahrnehmung eines und desselben Sinnes: Figur und Farbe sind der Realität nach nicht verschieden und nicht getrennt vorstellbar in der Einbildungskraft, aber ein logisches Unterscheiden durch den Verstand infolge Vergleichens und Aufmerkens auf das Gemeinsame ist doch möglich, wenn auch dadurch keine besonderen, selbständigen Vorstellungen erzielt werden.

Nach diesen Ausführungen können wir den negativen Teil der Hume'schen Beweisführung besser verstehen. Es handelt sich für ihn hier um die im Bewußtsein selbständig existierenden Vorstellungen; Hume sucht nachzuweisen, daß, wenn wir allgemein sprechen, wir dennoch eine partikulare Idee vorstellen, und er beweist zu dem Zwecke, daß jede Idee graduell bestimmt sein müsse. Daß Hume hiermit alle Allgemeinbegriffe

---

[1] Hume a. o. I S. 50 ff.

zu treffen glaubt, geht aus seinen Worten ¹) hervor: „Es ist „klar, daß (wir) bei der Bildung der meisten Allgemeinbegriffe, „wenn nicht bei allen von jedem besonderen Grade der Quan-„tität und Qualität abstrahieren."

Man kann MEINONG sehr wohl zugeben, daß der Ausdruck „Grad" nicht besonders passend gewählt ist, weil es Eigenschaften giebt, bei denen von Gradunterschieden keine Rede sein kann. Bei letzteren handeln wir aber gewiß nach HUME's Meinung, wenn wir nur von individueller Bestimmtheit reden, auf welche ja HUME's dritter negativer Satz schon hinweist. Daher können wir weder hier noch in der ganzen Formulierung der These so viel vermissen, wie MEINONG thut. Uns scheint im Gegenteil die Formulierung ganz passend: „Allgemeine Vor-„stellungen müßten, — wenn sie existierten, graduell unbe-„stimmt sein; — jede Vorstellung ist aber graduell bestimmt, „folglich kann es keine allgemeinen Vorstellungen so, wie sie „gewöhnlich aufgefaßt werden, geben."

Den Obersatz dieses Schlusses geben wir zu, den Untersatz wollen wir an Hand der HUME'schen Beweise prüfen. Bei dem ersten derselben überraschen zunächst die Worte: „Was verschieden, ist unterscheidbar . . u. s. w."; denn sie scheinen eine weit größere Abstraktion zuzulassen, als HUME sonst annimmt. Aber wenn wir bedenken, daß es sich hier um die selbständige Existenz abstrakter Vorstellungen handelt, müssen wir das „Unterscheiden" hier als Thätigkeit der Einbildungskraft, d. h. als getrennt Vorstellen auffassen; HUME selbst weist mit den Worten firstly we have observed ²) auf die Auseinandersetzungen über die Einbildungskraft hin, welche wir bereits oben besprachen.

Somit legen wir HUME's Worte folgendermaßen aus: „Dinge (resp. Eigenschaften), welche in der Realität verschieden sind, werden mit den Sinnen unterschieden und sind in der Einbildungskraft getrennt als selbständige Vorstellungen vorstellbar." So kann ich die Farbe eines Apfels vom Geruch und Geschmack desselben unterscheiden und getrennt allein vorstellen; aber

---

1) HUME a. o. I S. 38.
2) HUME a. o. I S. 40.

ich vermag nicht eine Linie ohne Länge und zwar ohne bestimmte Länge vorzustellen. So treffen wir hier wieder — und das stützt unsere ganze Auffassung — auf das Abstraktionskriterium Berkeley's, „daß man nicht diejenigen Eigenschaften von einander durch Abstraktion trennen könne, welche nicht möglicherweise getrennt existieren könnten." Das ist in Wahrheit die anerkennenswerte Leistung Berkeley's und Hume's, daß sie die Unmöglichkeit des getrennten Vorstellens begrifflicher Vorstellungsteile darlegten.

Der zweite Satz sucht aus der graduellen Bestimmtheit unserer Empfindungen dieselbe Bestimmtheit für unsere Vorstellungen zu folgern, weil alle Vorstellungen nur schwache Abbilder der Empfindungen seien. Da Hume nun sonst allerdings die Einbildungskraft mit den Ideen Veränderungen, Trennung und Vereinigung vornehmen läßt, so wird Hume nicht bestreiten, daß wir manche Vorstellungen haben, welche nicht direkte Abbilder von Empfindungen sind; wir müssen daher Hume so verstehen, daß eben nur die einfachen Ideen, aus welchen die komplexen Vorstellungen zusammengesetzt sind, wirklich direkte Abbilder der Empfindungen sind und graduell bestimmt sein müssen.

Aber man könnte bezweifeln, ob man nur diejenigen Empfindungsgrade vorstellen kann, welche man wahrgenommen hat; Hume selbst führt einen Fall an und Meinong bespricht denselben eingehend, um diesen Zweifel zu begründen. Hume [1]) meint nämlich, wenn jemand z. B. alle Schattierungen von Blau außer einer erfahren hätte und alle ihm bekannten Nuancen ihm der Reihe nach vorgeführt würden, so würde er nicht nur diese Lücke wahrnehmen, sondern auch durch die entsprechende Idee ergänzen können.

Dazu fügt Meinong [2]) noch die Fälle: „Wenn uns heute „das hellste Weiß vor Augen kommt, das wir je gesehen, so „können wir uns immer noch ein helleres denken. Wird ein „Ton von so vielen Instrumenten auf einmal angegeben, wie „wir nie zusammen spielen gehört haben, so können wir uns

---

1) Hume a. o. book I part I sect. 1.
2) Meinong a. o. S. 47 (resp. 231).

„den Ton doch immer noch stärker und voller vorstellen „u. dgl. m."

Die beiden von MEINONG erwähnten Fälle können wir nicht bestätigen, vielmehr halten wir es für kaum möglich, überhaupt das hellste Weiß, das wir je sahen, und den stärksten Ton, den wir je hörten, wieder vorzustellen, geschweige denn noch Steigerungen derselben zu bilden [1]).

HUME's Beispiel ist etwas anderer Art, weil in demselben zu beiden Seiten der neu zu bildenden Vorstellung Wahrnehmungen gegeben sind. Sicherlich wird jemand in einer einheitlichen Abstufung von Farbennuancen dort, wo eine Stufe fehlt, die Lücke bemerken. Wie wird er diese ausfüllen? Er wird die über und die unter der Lücke liegende Nuance ins Auge fassen und sich bemühen, die eine z. B. etwas dunkler, die andere etwas heller vorzustellen, aber er wird keine derartig feste Vorstellung bilden können, daß, wenn ihm die fehlende Nuance gezeigt würde, er sage könne, die und keine andere habe er sich vorgestellt.

Wir wollen keineswegs der konstruierenden Thätigkeit, und am wenigsten jenem Verfahren nach der Formel $a:b = b:x$ seinen hohen Wert für das Denken absprechen; wir erhalten ja z. B. eine gewisse Vorstellung der Sonnenferne durch eine solche Proportion, wenn wir denken: „wie sich dieser einzige Nadelknopf hier zu jener mächtig hohen Kirche verhält, so verhält sich letztere zur Entfernung der Sonne von der Erde", — aber man erhält auf diese Weise keine neue selbständige Vorstellung, sondern das Neue ist hier nur das Urteil, die Konstatierung eines gewissen Verhältnisses zwischen zwei gegebenen und einer nicht gegebenen Vorstellung.

Wir können daher, ohne HUME's eigene Bedenken weiter zu teilen, den zweiten Satz billigen, indem wir denselben so auslegen: „Jede Empfindung ist bezüglich des Grades der Quantität und Qualität bestimmt; unsere Vorstellungen sind aber alle aus den Empfindungen entsprungen und die einfachen Ideen, aus welchen unsere Vorstellungen bestehen, sind nur schwächere Abbilder der einfachen Empfindungsteile. Daher müssen unsere einfachen Ideen alle graduell bestimmt sein und

---

1) STUMPF, Tonpsychologie I 178/179.

somit auch die aus denselben zusammengesetzten komplexen Vorstellungen." Dem dritten Beweissatze hat MEINONG so schlagend logische Fehler nachgewiesen, daß auch wir denselben für völlig verunglückt halten und nicht genauer auf denselben eingehen werden. Jedoch drängt sich dabei noch die Frage auf, wie HUME überhaupt dazu komme, noch diesen Beweissatz den früheren hinzuzufügen.

Nachdem er im ersten Satz zeigte, daß die Einbildungskraft keine selbständigen, allgemeinen Vorstellungen bilden könne, und nachdem er im zweiten Satze darauf hinwies, daß wir keine allgemeinen Empfindungen hätten, schließt er hier aus der Ansicht, daß das Allgemeine keine reale, selbständige Existenz habe, auf die Unmöglichkeit allgemeiner Vorstellungen.

Diesem Schlusse tritt MEINONG [1]) direkt entgegen mit der Behauptung, daraus, daß es absurd wäre, ein existierendes Ding ohne Qualität und Quantität anzunehmen, folge durchaus nicht, daß auch solche Idee absurd wäre. Und in der That wäre die Voraussetzung dieses Schlusses, daß wir nur etwas vorstellen könnten, was wirklich existiere. Aber wir glauben, daß MEINONG HUME hier mißversteht; alles ist klar und sicher in HUME'S Sinne ausgelegt, wenn wir als die Voraussetzung jenes Schlusses den Satz annehmen, daß man sich nur das vorstellen kann, dessen einfache Empfindungsteile wirklich existieren und darum als einfache Ideen vorgestellt werden. Da nun alle komplexen Vorstellungen aus einfachen Ideen bestehen und letztere entsprechend den Empfindungen graduell bestimmt sind, so müssen auch die komplexen Vorstellungen selbst graduell bestimmt sein. So hoffen wir allerdings in dieser Hinsicht HUME gerechtfertigt zu haben, aber der ganze Beweis gewinnt dadurch nichts an Haltbarkeit.

Aus dieser ganzen negativen Beweisführung ergiebt sich, daß logische Begriffe keine psychische Sonderexistenz führen, sondern nur partikulare Vorstellungen sind. Soweit stimmen wir HUME zu, aber wir können es nicht billigen, daß er den Begriffen nicht doch eine besondere Stellung innerhalb der Vorstellungen einräumt. Wenn ich z. B. auf eine Tafel genau und deutlich ausgeführt ein menschliches Antlitz zeichne, so ent-

---

1) MEINONG a. o. S. 51 (resp. 235).

spricht dies etwa der lebhaften Vorstellung, welche Hume als erste Vorstellungsstufe anführt. Wische ich über die Zeichnung weg, so daß ein schwach sichtbares, unklares Bild zurückbleibt, so wäre dies etwa eine schwache Vorstellung des Antlitzes; wäre es auch ein Begriff desselben? Keineswegs. Freilich kann der Begriff mit der unklaren Vorstellung das eine gemein haben, daß manche Teile seines Inhalts weniger klar sind als andere; aber während bei der unklaren Vorstellung alle Teile gleich dunkel oder irgendwelche zufälligerweise etwas deutlicher als die andern sein können, sind in der Vorstellung, welche man einen Begriff nennt, die klarer hervortretenden Teile stets dieselben, nämlich die wesentlichen Merkmale, die unklaren Teile die unwesentlichen Merkmale des Einzeldinges. Die Unklarheit unserer Begriffe liegt hauptsächlich in der Unwissenheit darüber, wie viele jener unwesentlichen Merkmale sich mit den wesentlichen meistenteils verknüpft finden, dagegen beruht die Unklarheit der Vorstellungen überhaupt auf der Verwischtheit und dem zufälligen Hervortreten irgendwelcher Eigenschaften.

Somit nimmt der Begriff schon durch seine Vorstellungsart doch eine besondere Stelle unter den Vorstellungen ein, welche Hume ihm jedoch darum nicht einräumen konnte, weil er das Problem, welches die allgemeine Verwendung der partikularen Vorstellung bietet, anders löste.

§ 16. Auch in dieser positiven Darstellung wollte Hume nur Berkeley's Ansicht ausführen, aber er hat — wie Meinong [1]) treffend nachwies — dabei Berkeley eine andere Meinung untergeschoben. Denn bei Berkeley stehen die allgemein funktionierenden Einzelideen und der allgemeine Name sich unvermittelt gegenüber, Hume [2]) aber stellte eine Vermittelung her durch den folgenden Satz, welchen er aus Berkeley entnommen haben will: „Alle allgemeinen Begriffe sind im Grunde nichts als individuelle Begriffe, die man an einen gewissen Ausdruck hängt, der ihnen eine ausgedehntere Bedeutung giebt und macht, daß man sich bei Gelegenheit anderer Individuen erinnert, die ihnen ähnlich sind." Von dieser An-

---
1) Meinong a. o. S. 36/37 (resp. 220/221).
2) Hume a. o. S. 38.

sicht findet sich bei BERKELEY nichts; HUME hat hier eine
Lücke in BERKELEY'S Theorie ausgefüllt; daß er sie nicht in
BERKELEY'S Sinn ausfüllte, hat MEINONG ebenfalls nachgewiesen;
prüfen wir, ob wir die HUME'sche Ansicht billigen können!
Dazu ist nun allerdings nötig erst HUME'S Auffassung ganz zu
verstehen, und das wird jeden, der HUME'S Ausführungen und
MEINONG'S zersetzende Kritik derselben gelesen hat, keine Klei-
nigkeit dünken. Gehen wir direkt auf unser Ziel los und fragen:
„Was wird nach HUME bei der Nennung eines allgemeinen Namens
im Bewußtsein vorgestellt?"

Nach MEINONG'S [1]) Darstellung wäre nicht einmal hierüber
volle Klarheit zu gewinnen. Denn einmal sagt HUME, es würde
durch den Namen eine Partikularidee wachgerufen und alle
andern Ideen wären nur virtuell gegenwärtig; im folgenden
Satze meint er, daß das Wort eine Individualidee erwecke nach
einer gewissen Gewohnheit und diese Gewohnheit eine andere
Idee, zu der wir Veranlassung hatten; drittens spricht HUME
von einer „teilweisen Betrachtung", wobei zweifelhaft bleibt, ob
das Wort „teilweise" auf den Inhalt oder den Umfang des
Begriffes zu beziehen ist, endlich bemerkt er, daß, wenn wir
einen falschen Schluß machen, noch eine andere Vorstellung,
welche der ersten in manchen Eigenschaften ähnlich, in andern
unähnlich sei, vorgestellt werde.

Unmöglich kann man annehmen, daß HUME in diesen vier,
auch im Original so unmittelbar aufeinanderfolgenden Sätzen
verschiedene Ansichten ausspreche; wir müssen uns bemühen,
eine einheitliche Ansicht HUME'S festzustellen.

Da ist vor allem der Inhalt des zweiten der angeführten
Sätze in betracht zu ziehen; folgte dieser Satz nicht dem ersten,
so wäre MEINONG'S [2]) Einwand berechtigt, daß Vorstellungen,
die nur virtuell der einen Individualvorstellung zur Seite stän-
den, eben gar nicht im Bewußtsein wären und daher auch nicht
die erste Vorstellung allgemein machen könnten. Vielmehr
muß der zweite Satz als nähere Ausführung des ersten gefaßt
werden: „Der partikularen Idee stehen alle anderen Vorstellungen virtuell zur Seite, d. h. es kann von allen anderen jede

---

1) MEINONG a. o. S. 53—55 (resp. 237—239).
2) MEINONG a. a. S. 54 (resp. 238).

beliebige auftreten, weil sie alle unter demselben Namen associiert sind; welche jedoch auftritt, hängt von den näheren Umständen ab." Dieser Inhalt wird im dritten Satze nochmal so wiederholt, daß gesagt wird, von den sämtlichen, virtuell vorhandenen Ideen fände nur eine teilweise Betrachtung, d. h. Vorstellung weniger Ideen statt; das sei eine Abkürzung des ganzen Verfahrens, d. h. des Verfahrens, jede einzelne der sämtlichen virtuell vorhandenen Ideen vorzustellen.

Daß diese Abkürzung ohne Gefahr für die Richtigkeit des Denkens geschähe, besagt dann der vierte Satz, welcher nicht etwas Neues hinzubringen, sondern nur das ganze Verfahren noch klarer machen soll.

Ziehen wir außer dieser Stelle noch jene oben erwähnte von HUME BERKELEY untergeschobene Erklärung der Allgemeinbegriffe in betracht und fügen noch folgenden von HUME[1]) wenig später gebrachten Satz hinzu: „Eine partikulare Idee wird allgemein dadurch, daß sie an einen allgemeinen Ausdruck geknüpft ist, d. h. an einen Ausdruck, welcher infolge einer gewohnheitsmäßigen Verknüpfung eine Beziehung auf viele andere partikularen Ideen hat und dieselben leicht in die Einbildungskraft zurückruft" — so müssen wir als HUME's Ansicht annehmen, daß beim allgemeinen Denken bei dem Allgemeinnamen zunächst eine partikulare Idee deutlich vorgestellt wird, darnach herbeigeführt durch den Namen eine oder mehrere andere Ideen.

Eins ist bei dieser Ansicht HUME's hoch anzuerkennen, daß er bestimmt behauptet, bei einem Allgemeinnamen werde ein Einzelding der Gattung mit allen individuellen Zügen vorgestellt, aber ein Fehler ist es, wenn er die allgemeine Funktion dieser Idee durch Hinzutreten des Namens und anderer Ideen erklärt.

Es ist schon auffallend, daß HUME fast stets so spricht, als ob erst, nachdem der Allgemeinname genannt sei, die partikulare Idee resp. mehrere derselben vorgestellt würden; man sieht nicht recht ein, wie denn das stille Denken vor sich gehen soll, wenn man HUME nicht so auffaßt, daß unmittelbar mit der durch die Associationen herbeigeführten ersten parti-

---
1) HUME a. o. S. 44.

kularen Idee auch der allgemeine Name und diesem folgend dann die weiteren partikularen Ideen auftauchen müssen. Dann erscheint es aber doch wieder wunderbar, warum sich an die erste partikulare Idee gerade der allgemeine und nicht ein speziellerer Name knüpft. Aber abgesehen hiervon können wir auch eine solche Association aller Einzelideen derselben Gattung durch und unter dem Allgemeinnamen und eine Reproduktion infolge desselben unmöglich zugeben. Freilich weist Hume sehr richtig auf die Benennung mit gemeinsamen Namen infolge der Ähnlichkeit hin. Sicherlich haben viele Gattungsnamen erst dadurch ihre volle Bedeutung gewonnen, daß der Name eines Dinges bald mehreren, endlich allen ähnlichen Dingen beigelegt wurde. Täglich können wir bemerken, daß kleine Kinder zuerst z. B. jeden Mann „Papa", jede Frau „Mama" nennen, und überhaupt oft Dinge, die irgendwelche, ihnen besonders auffallende Eigenschaften gemeinsam haben, mit gleichem Namen belegen. Andere Beispiele dieser Art führt Max Müller an [1]).

Hume geht jedoch auf das Verhältnis der Ähnlichkeit zu der Benennung und besonders auf den Einfluß dieser Ähnlichkeit, d. h. der Gemeinsamkeit gewisser Eigenschaften bei Wiederholung derselben Wahrnehmungen nicht weiter ein; er sagt einfach, der Name bezeichne alle unter ihm zusammengefaßten Einzeldinge.

Aber man hat doch, weil man nach der Ähnlichkeit benannte und dabei von anderen ungleichen Merkmalen, die aber doch überall vorhanden waren, absah, eigentlich nur die jedesmal gemeinsam vorhandenen Merkmale, auf deren Anwesenheit die Ähnlichkeit beruhte, benannt.

Auch Hume übersah diese Folgerung, wie Berkeley, weil er darin, daß ein Zeichen mit mehreren Individuen gleichzeitig verknüpft sei, den Grund der allgemeinen Verwendung des Zeichens sah. Aber schon bei Berkeley ist bemerkt, daß Allgemeinheit auf einer Beziehung unter den Dingen selbst gründet. Eine allgemeine Sitte ist eine Handlungsweise, welche

---

[1) M. Müller, Vorles. über die Wiss. der Sprache. 1870. II S. 342.

von jedem einzelnen Menschen ausgeübt wird, eine allgemeine, menschliche Eigenschaft ist eine Eigenschaft, welche jeder Mensch besitzt; ein allgemeines Zeichen ist darum allgemein, weil es etwas bezeichnet, das bei jedem Einzelnen vorhanden ist. So bezeichnet also der allgemeine Name Eigenschaften, welche vielen Dingen gemeinsam sind, nicht jedoch selbst viele Dinge. Es ist daher zum allgemeinen Denken nicht nötig, daß man über den Umfang eines Begriffes etwas in der Vorstellung desselben habe, sondern einzig und allein ist nur die richtige Hervorhebung des Inhalts, d. h. der wesentlichen Merkmale des Begriffes erforderlich. Darum braucht keineswegs der Name, weil er allgemein ist, uns zugleich oder nacheinander mehrere Einzeldinge ins Bewußtsein zu rufen, vielmehr lehrt auch gerade die Erfahrung, daß dies gewöhnlich nicht der Fall ist.

Ich stelle mir, wenn ich vom Hunde im Allgemeinen rede, nicht mehrere Hunde gleichzeitig oder gar nacheinander vor; allerdings vermag ich es, und wenn ich es thue, so geschieht es absichtlich und willkürlich, um die Wesentlichkeit der an dem zuerst vorgestellten Einzelding haftenden Eigenschaften zu bestimmen.

Dieses Mittel befestigt und klärt unsere Begriffe, aber es ist nicht der Begriff selbst.

Aus dem Gesagten geht hervor, daß durch ein rein äußerliches Hinzutreten des Namens und einiger unter ihm associierten Vorstellungen eine partikulare Idee nie allgemeine Geltung erhalten kann, sondern daß dies innerhalb der partikularen Idee und zwar durch besonderes Hervortreten der wesentlichen Merkmale geschehen muß. Denn diese bezeichnet ja eben der Allgemeinname, und mit diesen ist derselbe so eng associiert, daß ein Hervortreten der wesentlichen Merkmale in der partikularen Vorstellung den Allgemeinnamen und ein Vernehmen des Allgemeinnamens das Hervortreten der wesentlichen Merkmale in der partikularen Vorstellung herbeiführt.

Wenn ich daher den Satz ausspreche: „der Mensch ist ein Tier", so drücke ich damit aus, daß in der Vorstellung oder Wahrnehmung eines Menschen, die ich gerade habe, die dem Tiere wesentlichen, d. h. mit diesem Namen bezeichneten Merkmale als besonders stark hervortretend erkannt werden, nicht aber, daß ich eine Gruppe Menschen und eine Gruppe Tiere und die erstere Gruppe als Teil der letzteren vorstelle.

Fünftes Kapitel: Condillac.

§ 17. CONDILLAC hält den Ursprung der Sprache zugleich für den Ursprung des Denkens [1]); ersterer beruht auf dem Umstande, daß die Menschen anfangs unwillkürlich Schreie der Leidenschaft ausstießen und mit Gesten begleiteten, dann allmählich Schreie und Gesten willkürlich brauchten und vermehrten [2]). Die Geberden mußten älter sein als die Vorstellungen, weil ohne solche Zeichen eine Analyse der Gedanken unmöglich war, dann aber konnte man willkürlich weitere Zeichen bilden nach Analogie der bestehenden und darum leicht verständlich [4]). Ebenso ging es mit der Lautsprache, welche anfangs nur durch die begleitenden Geberden verständlich sich allmählich entwickelte; anfangs bestand sie nur aus Wörtern für konkrete Dinge [5]): Wasser, Baum u. a. und so lange man nur von konkreten Dingen sprach, war die Sprache eine exakte Methode der Verständigung [6]). Als man aber weiter ging, ohne genau zu analysieren, um der Wißbegier und vermeintlichen Bedürfnissen nachzukommen, wurde die Sprache fehlerhaft und unexakt; jetzt bildete man Adjektive, Verben und abstrakte Substantive; doch selbst die abstraktesten Namen leitete man von den ersten Namen der einfachen Sinnesdinge ab [7]). Wenn man neue Gegenstände bemerkte, so suchte man, was sie mit bereits bekannten Gegenständen gemein hätten, stellte sie zu ähnlichen in dieselbe Klasse und bezeichnete sie mit demselben Namen. So wurden die Zeichen allgemein. Für die Einteilung

---

1) CONDILLAC, logique pag. 109.
2) sur l'origine des con. hum. II 1.
3) logique pag. 110.
4) logique pag. 115.
5) sur l'orig. des con. hum. II 9 § 82.
6) logique pag. 120 ff.
7) sur l'orig. des con. hum. II 10 § 102—103.

in Klassen dachte man sich nicht neue Namen aus, sondern erweiterte nach Bedürfnis die Bedeutung einiger Namen. Denn naturgemäß wird ein Wort das Zeichen einer Idee, wenn diese Idee derjenigen, welche das Wort ursprünglich bezeichnet, ähnlich ist. So entstanden die Klassen und Gattungsnamen. Andererseits vereinigte man mehrere einfachen Ideen unter einem Namen, sei es nach Vorbildern in der Außenwelt, sei es ohne dieselben. So bildete man nach Vorbildern die Substanzbegriffe, z. B. „Gold"; man gewöhnte sich mit diesem Namen die zahlreichen Eigenschaften dieses Stoffes: Ausdehnung, Härte, Glanz u. a. zu verknüpfen. Wenn man nun später an den Begriff Gold denkt, so bemerkt man nur den Laut „Gold" und erinnert sich mit ihm eine Zahl einfacher Vorstellungen verknüpft zu haben, welche man alle an demselben Subjekte zusammen existieren sah, und welche man sich beliebig nacheinander hervorrufen kann [1]). Die Wörter nehmen so in unserm Geiste dieselbe Stelle ein, wie die Gegenstände draußen. Wie die Eigenschaften der Dinge nicht koexistieren würden ohne Subjekte, in denen sie vereinigt sind, so würden ihre Vorstellungen in unserm Geiste nicht koexistieren ohne die Zeichen, mit denen sie sich vereinen.

Noch wichtiger sind die Zeichen bei komplexen Ideen, die ohne Vorbilder gebildet sind; wir vereinen Ideen, welche wir nirgends vereinigt finden, wie z. B. bei den Moralbegriffen, welche durch willkürliche Zusammensetzung und Trennung einfacher Ideen nach dem Bilde, das sich unsere Phantasie gemacht hat, gebildet sind [2]). Hier muß man die einfachen Ideen zusammenfassen, um überhaupt über Vorstellungen nachdenken zu können; und unsere Begriffe sind nur insoweit genau, als wir mit Absicht die Zeichen erfunden haben, die sie fixieren müssen.

Der Hauptwert der Namen beruht daher überhaupt auf ihrer Funktion als Zeichen beim einsamen Denken; sie verschaffen uns Gedächtnis, sie vertreten abstrakte Vorstellungen. Sobald der Mensch beginnt Ideen mit selbstgewählten Zeichen

---

1) CONDILLAC, sur l'orig. des con. hum. I § 7; — art de pens. pag. 65; 201.
2) CONDILLAC, art de pens. pag. 68; 203.

zu verknüpfen, so bildet er sich ein Gedächtnis; denn nur durch die Zeichen, mit welchen die Vorstellungen einzeln verknüpft sind, verbinden sich dieselben auch untereinander [1]. Dadurch wird das Gedächtnis möglich, d. h. die Fähigkeit, die Zeichen unserer Ideen oder die begleitenden Umstände derselben zurückzurufen. Ist so das Gedächtnis erworben, so ist der Mensch von der Abhängigkeit von den einwirkenden Dingen, in welcher er sich vorher befand, befreit; jetzt verfügt er selbst über seine Vorstellungskraft: mit Hilfe der Zeichen, die er jetzt nach Belieben zurückrufen kann, erweckt er wieder die damit verknüpften Vorstellungen [2]. Wenn man sich einer Sache erinnert, so denkt man zuerst an ihren Namen, dann an ihre Eigenschaften. Man kann also die Vorstellungskraft und das Gedächtnis nicht besser üben, als durch Beschäftigung mit Gegenständen, welche eine größere Zahl von Zeichen und Vorstellungen verknüpfen [3].

Ferner ersetzen die Namen allgemeine Vorstellungen oder abstrakte Ideen, denn diese sind im Grunde nur Namen. Wenn man z. B. von den Fingern oder anderen Gegenständen, deren man sich beim Rechnen bedient, oder wenn man von den Namen, welche nur Zeichen beim Sprechen sind, absieht, so wird man vergebens etwas Übrigbleibendes im Geiste suchen [4]. Wenn man zählen lernt, so werden die Zahlen durch die Finger vertreten, später durch andere Objekte; je nachdem ich sie vorstelle, gebe ich ihnen verschiedene Namen: „ein, zwei, drei u. a."; „ein" ist ein Wort, das ich mir gewählt habe, um einen Finger zu bezeichnen, „zwei" für „einen und einen Finger" u. s. w. Also ist bei den allgemeinen Namen „ein, zwei, drei" das Wesentliche nur der Name; somit giebt es nur Namen in den abstrakten Ideen.

Alle Allgemeinnamen sind für die Menschen sehr wichtig, weil sie wegen der Beschränktheit unseres Geistes nötig sind [5].

---

1) CONDILLAC, sur l'orig. des con. hum. I § 46, — extrait du traité des sens. pag. 6; 13.
2) CONDILLAC, sur l'orig. des con. hum. I § 6.
3) ibid. I § 50.
4) ibid. I 4 § 1, — langue de calc. pag. 50.
5) ibid. I 4, § 6; 5 § 2; II § 116.

Wenn die Menschen von Dingen, wie sie sich unterscheiden oder gleichen, reden müssen, so können sie das nur, indem sie mit Hilfe von Zeichen viele Vorstellungen zusammennehmen und als eine einzige Vorstellung betrachten. Daher beziehen sie die Dinge auf Klassen, deren jeder sie ein Zeichen geben, und indem sie dieselben diesen Zeichen, den Allgemeinnamen unterordnen, bringen sie Ordnung in ihre Gedanken. Es wäre uns unmöglich über Metaphysik und Moral nachzudenken ohne Zeichen, um die Vorstellungen zu fixieren, neue Sammlungen von Vorstellungen zu bilden und andere unterzuordnen [1]).

Wenn also die allgemeinen Vorstellungen eigentlich nur Zeichen sind, so leuchtet ein, daß die metaphysischen Überlegungen mechanische Operationen wie die Rechnungen des Mathematikers sind. Ich fühle, daß, wenn ich denke, die Wörter für mich das sind, was für den rechnenden Mathematiker die Ziffern und Buchstaben, und daß ich den mechanischen Regeln des Denkens und Sprechens unterworfen bin [2]). Beim Rechnen operieren wir mit Zahlnamen oder Ziffern als Zeichen; am Ende der Operationen haben wir dasselbe Ergebnis, als wenn wir mit Vorstellungen operiert hätten. Ebenso ist es beim Denken mit Namen, den Zeichen der Vorstellungen; dabei ist das Gedächtnis nötig, um die Zeichen, eines nach dem anderen, in Erinnerung zu bringen. Rechnen und Überlegen ist also dasselbe. Man kann mit Ausdrücken der gewöhnlichen Sprache alle mathematischen Wahrheiten beweisen und umgekehrt auf mathematische Weise, die Wörter wie die Zahlen der Mathematik brauchend, von einem identischen Satze zum anderen fortschreitend durch eine Reihe von Umformungen alle Entdeckungen, die man in allen Wissenschaften gemacht hat oder machen kann, auffinden [3]).

Genau wie es bei der mathematischen Analyse zwei Schritte giebt: erst denkt man über die Verbindungen des betreffenden Gegenstandes nach, dann geht man von einer Gleichung zur anderen bis zu der gesuchten Analyse; ebenso geht es bei meta-

---

1) Condillac, sur l'orig. des con. hum. I 4 § 5.
2) langue de calc. I 12 pag. 225.
3) ibid. I 12 pag. 161 ff., — logique pag. 156.

physischen Untersuchungen: erst stellt man den Zustand einer Frage, d. h. ihre Bedingungen fest, dann geht man von einem identischen Satze zum anderen fort, denn jeder wahre Satz ist ein identischer [1]). So sind also mathematische und metaphysische Analyse eine und dieselbe Sache; nur ist letztere darum schwerer, weil uns bei allen anderen als den Zahlbegriffen durch die Natur unserer Vorstellungen oder vielmehr unserer Sprache nur schlecht bestimmte Begriffe gegeben und darum keine sicheren Regeln für Analyse und Synthese der Vorstellungen vorhanden sind [2]).

§ 18. Während CONDILLAC nach seinem eigenen Eingeständnis und dem Zeugnis seiner Lehre sonst sehr von LOCKE, den er hoch bewundert, beeinflußt ist, rühmt er sich in einem Punkte LOCKE übertroffen zu haben [3]); derselbe habe in seinem Werke Einiges unvollkommen gelassen, weil er nicht die ersten Schritte unserer Seelenvorgänge enthüllt habe. Dies glaubt CONDILLAC gethan zu haben, indem er die Notwendigkeit der Zeichen für das menschliche Denken darlegte; er meint nun, die ungeheure Bedeutung der Zeichen sei daraus abzuleiten, daß sie erstens älter seien als die Vorstellungen, zweitens, daß nur durch die Zeichen Vorstellungen sich untereinander verbänden und so das Gedächtnis entstehe, drittens, daß die allgemeinen Vorstellungen nur Namen seien, und endlich, daß alles Denken nur ein mechanisches Operieren mit Zeichen wie das Rechnen sei.

Was zunächst den Ursprung der Zeichen anbetrifft, so hat CONDILLAC sehr richtig erkannt, daß die Geberdensprache jedenfalls anfangs neben der Lautsprache stand, und daß ferner viele zunächst unwillkürlichen Bewegungen und Laute bald willkürlich gebraucht zur Verständigung dienten. Diese Ansicht können wir getrost billigen; denn wir finden noch heute, daß nicht nur bei den Ungebildeten und bei den lebhafteren Völkern wirklich die Geberdensprache neben der Lautsprache sehr wesentlich zur Verständigung dient. Auch den Übergang von unwillkürlichen Ausdrücken zu willkürlichen Zeichen müssen wir jeden-

---

1) CONDILLAC, l'art de pens. pag. 134.
2) langue de calc. pag. 217, — logique pag. 170.
3) sur l'orig. des con. hum. II 2 § 39.

falls annehmen, weil das eben das leichteste Verständigungsmittel war, daß man unwillkürliche Ausdrücke, welche bei vielen Menschen gleich vorkamen und darum denselben bekannt waren, willkürlich verwandte zur Bezeichnung desselben geistigen Vorganges, welchem sonst der Ausdruck unwillkürlich folgte. Doch CONDILLAC geht weiter und behauptet, diese Zeichen, d. h. Geberden und Laute, seien älter als die Vorstellungen, weil sonst, d. h. ohne Besitz von Zeichen, eine Analyse der Gedanken nicht möglich gewesen wäre. Um diese Ansicht zu begründen, müßte CONDILLAC nachweisen, erstens, daß eine Analyse der Gedanken nur durch die Zeichen möglich sei, und zweitens, daß überhaupt schon zu Beginn des Denkens und Sprechens stets eine Analyse hätte geschehen müssen. Keins von beiden beweist CONDILLAC. Uns scheint vielmehr das Natürliche zu sein, daß der Geist früher im stande war zu unterscheiden, bevor er Zeichen für die erst infolge der Analyse getrennten Wahrnehmungs- resp. Vorstellungsteile besitzen konnte. Dagegen ist allerdings für unser modernes Denken zuzugeben, daß wie besonders die Kinder durch die überlieferte Sprache auf manche Analyse und Abstraktion hingelenkt werden, so auch die Erwachsenen den sprachlichen Zeichen größere Klarheit und Stetigkeit der geistigen Unterscheidungen verdanken.

Doch nicht nur eine Analyse ohne Zeichen war anfänglich möglich, sondern überhaupt ein Denken und Sprechen ohne Analyse, d. h. ohne Zerlegung eines ganzen Vorstellungsinhaltes nach logischen Gesichtspunkten, z. B. Subjekt, Prädikat u. s. w. Bedienen sich doch noch jetzt ungebildete Leute häufig, selbst die gebildete Sprache bisweilen einzeln ausgestoßener Wörter, welche durch die umgebenden Umstände oder aus gewohnter Verbindung mit gewissen Assoziationen einen vollständigen Satz vertreten können. So müssen wir in viel höherem Grade für die ältesten Zeiten Mitteilungen annehmen, welche ohne Analyse entstanden, halb unbewußt von Gewohnheit und Umgebung bestimmt wurden.

Denn es ist anzunehmen, daß erst allmählich jedes Ding und jede Eigenschaft benannt wurde. Besaß man einmal für alle Einzelheiten der Vorstellungen Namen, so war allerdings eine Analyse der Gedanken vor dem Sprechen nötig. Aber die vergleichende Sprachwissenschaft lehrt, daß die ältesten Wurzeln allgemeine Bedeutung besaßen, d. h. abstrakte Qualitäten, keine Einzeldinge bezeichneten, und es scheint glaublich, daß die ersten Wörter nur ganz allgemeine Beziehungen ausdrückten und wenige Worte und Geberden so viel besagten, wie bei uns ganze Sätze.

Also vermögen wir CONDILLAC's Begründung der Priorität der Zeichen vor den Vorstellungen nicht ganz zu billigen.

Aber was heißt überhaupt der Satz: „die Zeichen sind älter als die Vorstellungen". Freilich damit man Zeichen willkürlich verwenden konnte, mußten sie als unwillkürliche Ausdrücke da sein; aber CONDILLAC thut Unrecht darum von einer Priorität der Zeichen zu reden, denn diese unwillkürlichen Laute und Geberden waren doch erst willkürliche Zeichen, sobald man ihnen eine Bedeutung beilegte.

Weiter sagt CONDILLAC von diesen Zeichen, sie seien anfangs unwillkürlich gewesen; wir billigten das, doch thun wir gut, uns das Wesen dieser unwillkürlichen Zeichen noch klarer zu machen. Gewisse Ausdrücke waren unwillkürlich, weil sie gewisse Empfindungen und Vorstellungen unmittelbar begleiteten als unbeabsichtigte, äußere Folgen der inneren Zustände. Diese Koexistenz beider, des inneren und des äußeren Vorganges, mußte von den einzelnen Menschen an sich und bald von mehreren gegenseitig bemerkt werden; es mußte sich daher in den einzelnen Menschen sowie auch in mehreren mit der Vorstellung der Empfindung auch die Vorstellung des Ausdruckes eng verknüpfen. Geschah nun wirklich der Schritt, welcher den wahren Ursprung der Sprache bezeichnet, brauchte man das äußere Zeichen willkürlich, um einen inneren Vorgang zu bezeichnen, so wurde man hierzu veranlaßt durch die bewußte Absicht, jene Vorstellung, die man selbst hatte, und deren Verknüpfung mit demselben Ausdruck man auch am Nebenmenschen beobachtet hatte, ebenfalls im Nebenmenschen hervorzurufen. Soweit war doch in diesem Falle die Vorstellung eher da als das Zeichen.

Ja selbst wenn man zugeben wollte, daß die Menschen, schon ehe sie sich etwas mitteilten, im eigenen Denken mit jenen Zeichen operierten, so hatten doch auch da die Zeichen ihren Wert aus der Beobachtung, daß sie stets und eng mit gewissen Empfindungen und Vorstellungen verknüpft seien, gewonnen.

§ 19. Zweitens behauptet CONDILLAC, daß die Zeichen das Mittel bilden, die Vorstellung untereinander zu verknüpfen und so das Gedächtnis schaffen, wie CONDILLAC, auch hierin HOBBES' Ansichten weiterführend, glaubt. Dem gegenüber kann es jedoch als eine ausgemachte Thatsache der modernen Psychologie gelten, daß unsere Vorstellungen sich nach den verschiedenartigsten Beziehungen untereinander verknüpfen, und daß unter ähnlichen Umständen auch ähnliche Vorstellungen wiederkehren. Man überlasse sich nur einmal dem Strome der Erinnerungen: wie viele Bilder und Erlebnisse treten nacheinander hervor, bald durch inhaltliche Beziehungen, bald nur durch die Beziehungen unseres eigenen Ich zu ihnen verknüpft, so daß es oft schwer hält die Ursache der Assoziation aufzufinden! In noch höherem Maße erleben wir dies im Traume und sehen es im höchsten Grade bei Irren, welche an einer unaufhörlich wechselnden, unaufhaltsam dahinjagenden Ideenflucht leiden. Sicherlich werden auch Namen bisweilen verknüpfende Beziehungen bilden; daß sie jedoch allein dazu dienten, ist weit übertrieben. Anders steht es wohl mit den von manchen Philosophen so genannten apperzeptiven Verbindungen von Vorstellungen, d. h. Verbindungen, welche man absichtlich beim aufmerksamen Denken herstellt; hier leistet der Name große Dienste. Freilich muß man sich auch hier bei der Rückerinnerung dem Gange der Assoziationen überlassen, aber indem man durch das Festhalten des Namens auch die flüchtige Vorstellung länger festhält und ihre Teile betrachtet, vermag man mannigfache Assoziationenzüge hervorzurufen, und indem man unter diesen die gerade passenden auswählt und weiter verfolgt, den Gang des Denkens zu bestimmen. Aber in keinem Falle glauben wir den Namen als die einzige Ursache der Verbindung und des Wiederauftauchens der Vorstellungen ansehen zu müssen.

§ 20. Auch hier müssen wir ähnlich wie bei HOBBES annehmen, daß CONDILLAC durch seine Ansicht von der Natur der Allgemeinnamen zu der eben besprochenen weitergehenden Behauptung hingeführt worden ist, denn CONDILLAC bemerkt ausdrücklich, daß wie in der Außenwelt der Gegenstand in sich die von uns wahrgenommenen Eigenschaften vereine, so im Geiste das Wort viele einfachen Ideen zusammenfasse; darum gelten ihm die abstrakten Ideen nur für Namen, nicht als ob wirklich nur Namen bei ihnen vorgestellt werden könnten, sondern weil der Name allein das Allgemeine sei, welches viele einfachen Ideen umfasse teils nach dem Vorbilde der Natur, teils nach Willkür der Menschen. Wenn wirklich die Substanz Gold zu irgend einer Zeit der Benennung direkt gegeben war, so sind doch auch Begriffe wie „Tugend, moralisch" von Vorgängen, welche wir wahrnahmen und in welchen wir die betreffenden Ideenkomplexe vereint fanden, abstrahiert. So behauptet MARTY [1]) mit Recht, daß es Begriffe, welche überhaupt nie in einer konkreten Vorstellung angeschaut werden könnten, nirgends gäbe. Und wenn endlich zur richtigen Bestimmung der Begriffe: „moralisch, Tugend" viele Erfahrungen nötig waren, so doch auch zur Erkenntnis des Gegenstandes „Gold" und seiner Eigenschaften viele Untersuchungen. Aber abgesehen von dieser Teilung der Begriffe ist es auch nicht ganz richtig, daß wir uns bei den Worten, „Gold, Tugend" nur mehrerer einfachen Ideen d. h. Eigenschaften bewußt wären und nicht vielmehr eines gewissen Ganzen. Unter „einfachen Ideen" versteht nämlich CONDILLAC nicht Einzelvorstellungen von einzelnen Dingen, sondern Vorstellungen einzelner Eigenschaften, welche man durch einzelne Wörter bezeichnet. Aber die innere Wahrnehmung

---

1) MARTY, Vierteljahrsschrift für wiss. Philos. 8. Jahrg. 336 ff. Hier polemisiert MARTY gegen WUNDT, welcher in seiner Logik (I S. 48, 97 ff.) in einen ganz ähnlichen Irrtum wie CONDILLAC verfallen ist; er erklärt nämlich, es gäbe Begriffe, denen überhaupt in keinem Sinne eine konkrete Vorstellung entsprechen könne, z. B. Sein, Nichtsein, Quantität, Ursache, Zweck, weil diesen nicht mehr einzelne Objekte, Eigenschaften und Handlungen, sondern nur allgemeine Beziehungen entsprächen, die wir zu den Gegenständen unsres Vorstellens hinzudenken. Aber die angeführten Begriffe besagen keineswegs nur Relationen, z. B. sind Sein und Quantität doch von realen Bestimmungen abstrahiert und in denselben so gut angeschaut wie Farbe, Ton, Quadrat, und zweitens beruhen die wirklichen Relationsbegriffe auf der Reflexion auf unsre eigne psychische Thätigkeit und werden in dieser vergleichenden und urteilenden Thätigkeit ebenfalls angeschaut.

lehrt uns, daß die Vorstellungen solcher einzelnen Eigenschaften im Bewußtsein nicht durch das Wort zusammengefaßt werden, sondern durch das vorgestellte Bild, sei es des Gegenstandes, sei es einer Handlung; erst weil man die ganze Vorstellung des Gegenstandes oder der Handlung als Ganzes benannt hat, trifft der Name die einzelnen Eigenschaften derselben ebenfalls. Freilich empfindet man nur Eigenschaften und stellt auch nur solche vor; darin hat CONDILLAC ja unbedingt recht, aber das Wesentliche beim Begriffe ist nicht, daß viele einzelnen Eigenschaften vorgestellt werden, sondern daß sie als gleichzeitig in demselben Gegenstande oder derselben Handlung vorhanden vorgestellt werden. Es erfolgt daher die Verknüpfung jener einfachen Ideen nicht vermittelst eines äußerlichen Zusammenfassens durch ein Wort, sondern durch die ein Bild vorstellende Thätigkeit unseres Geistes. Ohne Zweifel fördern aber die Namen diese vorstellende Thätigkeit sehr; denn da die Namen meistens gebraucht werden bei einem gleichzeitigen Vorhandensein wesentlicher Merkmale, so assoziieren sie sich in der Vorstellung auf das Engste mit denselben und erleichtern dadurch die Aufgabe der vorstellenden Thätigkeit, in der bei einem Allgemeinnamen auftauchenden Einzelvorstellung die wesentlichen Merkmale fast allein zu beachten. Dadurch wird die Festigkeit unserer Begriffe sehr gefördert. Die Benennung einiger wesentlichen Züge ganzer Vorstellungskomplexe, welche man nach einem Gesichtspunkte vereint hat, gestattet später eine Aussage über diese Komplexe, wenn man sich bei Nennung des Namens nur an einer Vorstellung die wesentlichen Züge hervortreten läßt. Aber überall war erst eine vergleichende, verallgemeinernde Thätigkeit des Geistes nötig, ehe der Name die wesentlichen Züge wirklich bezeichnen konnte, und noch jedesmal muß in uns die vorstellende Thätigkeit ein Bild hervorbringen, ehe der Name die charakteristischen Züge desselben stärken kann.

§ 21. Die Gleichstellung des Denkens mit dem Rechnen, welche wir schon bei HOBBES und BERKELEY antrafen, hat CONDILLAC mit einer Konsequenz entwickelt, welche ihn noch über seine Vorgänger hinausführte. „Das Rechnen ist Denken und das Denken ist Rechnen", das ist die Devise CONDILLAC's.

Daß das Rechnen eine gewisse Art des Denkens sei, und

daß sich alle Rechenoperationen auch mit der gewöhnlichen Sprache vollziehen ließen, weist Condillac ausführlich und mit vollem Rechte nach; aber die Frage ist vielmehr, ob wirklich das Denken mit den Wörtern ebenso, wie die Mathematik mit ihren Zeichen, mechanisch nach festen Regeln operieren kann und muß.

Auch darin hat Condillac sicher noch recht, daß die Vorüberlegung beim metaphysischen Denken ähnlich sei wie beim Rechnen; stets stellt man vor weiteren Denkoperationen den Sinn einer Frage und ihre Bedingungen fest oder sollte es wenigstens thun, ebenso wie bei einer Rechnung; besser gesagt ist dieses Vorausüberdenken beide Male genau dasselbe.

Aber weiter! Damit man in der Arithmetik rechnen kann, ist nötig, daß die ganze Frage in ein System genau bestimmter Zeichen gebracht werde, und daß sodann in Gleichungen nach fester Methode verfahren und durch beständige Umformungen bis zur einfachsten Gestalt die Gleichung gelöst werden könne. Bei solchem Operieren verfahren wir mit den Zeichen, ohne uns jedesmal ihre volle Bedeutung vorzustellen. Dies ist darum möglich, weil die mathematischen Zeichen nur von Quantitätsverhältnissen gelten; und weil eben die algebraischen Wahrheiten vor allen Dingen wahr sind, brauchen die Zeichen im Geiste keine Ideen von besonderen Dingen anzuregen, wenn wir mit ihnen operieren. Doch bleiben wir uns des Wertes der Zeichen im Allgemeinen bewußt und verfahren mit ihnen nach Regeln, welche von den Eigenschaften aller Größen abstrahiert sind. So beruht der Satz: „Gleiches zu Gleichem giebt Gleiches" doch gewiß nicht auf einer Eigenschaft der Zeichen als solcher, sondern auf einer Eigenschaft von Größen.

Aber wie weit ist das Denken entfernt in so exakten Zeichensystemen und schematischen Operationen vor sich zu gehen! Freilich haben auch die Wörter ihre Bedeutung wie die Zeichen beim Rechnen heute willkürlich; ja es ist den Wörtern eine gleichmäßigere Verwendung gesichert, weil wir ein für allemal ihre Bedeutung gelernt haben, während man zu Beginn der Rechnung dem Zeichen jedesmal seinen Wert beilegt.

Aber die Bedeutung der Wörter ist nicht gleichartig, wie diejenige der mathematischen Zeichen, welche alle nur Quantitätsverhältnisse bezeichnen; daher läßt sich nicht mit allen

Wörtern beliebig nach Regeln der Quantitätsverhältnisse verfahren. Es ist vielmehr nur da ein mathematisches Denken möglich, wo — wie LAMBERT sagt [1]) — „die Natur der Gedankeninhalte es gestattet, die Theorie der Sachen auf die Theorie der Zeichen zurückzuführen". Das war aber nur in der Mathematik möglich, welche jedoch zugleich zeigt, ein wie wohl ausgebildetes System von Zeichen und festen Regeln nötig ist, wenn ohne Schaden für die Richtigkeit des Urteils und Gedankenfortschrittes auf die adäquaten Vorstellungen verzichtet werden sollte [2]).

Ferner vermag die Bedeutung der Wörter sich an Exaktheit keineswegs mit derjenigen, welche ein Zeichen jedesmal in der Rechnung hat, zu messen; die Bedeutung ist an und für sich schon schwankend und wird stets durch die umgebenden Wörter sowie durch den Zusammenhang des Satzes und des ganzen Satzgefüges beeinflußt. Haben doch manche Wörter je nach dem Zusammenhange mehrere verschiedene Bedeutungen, eine Eigenschaft, auf welcher ja viele Witze beruhen; viele Wörter stehen bald in ursprünglicher, bald in übertragener Bedeutung und nur die augenblickliche Lage, der Satzzusammenhang und die Betonung lassen den beabsichtigten Sinn erkennen.

Freilich denkt CONDILLAC bei seinen hierher gehörigen Ausführungen wohl meistens an eine ideelle Sprache; aber von dieser gilt nicht minder wie von jeder vorhandenen Sprache, daß eine Verwendung der Wörter beim Denken ohne besondere Vorstellung ihrer Bedeutung oder vielleicht nur mit dem Bewußtsein, daß sie irgend etwas bedeuten oder gar nur mit der Lautvorstellung leicht zu großen Irrtümern führen muß, und in vielen Fällen, wo aus Bequemlichkeit oder aus Unkenntnis der genauen Bedeutung ein solches Denken stattfindet, — auch wirklich führt; daß aber eine solche Verwendung der Wörter bei allem strengeren und schwierigen Denken ganz unmöglich ist.

Daher betont MILL [3]) mit Recht gegenüber solchen Nominalisten, welche eine exakte Zeichensprache und mathematisches Operieren mit derselben für das Mittel zu den wichtigsten Ent-

---

1) LAMBERT, Neues Organon 1764, II 22.
2) MARTY, Vierteljahrsschrift für wiss. Philos. 8. Jhg. S. 68.
3) MILL a. a. O. book IV ch. IV § 1.

deckungen erklärten, — daß man vielmehr beim Ersinnen einer neuen Sprache möglichst viele und starke Bedeutung in jedes Wort legen müsse. Ferner weist Mill[1]) darauf hin, daß ein solches Schließen mit Zeichen, deren Bedeutung man nicht zugleich vorstelle, nur bei einem Teile unserer deduktiven Operationen nützlich sein könne, soweit eben diese sich auf bestimmte technische Regeln zurückführen ließen, daß wir dagegen bei unseren direkten Induktionen nicht für einen Augenblick ein klares, geistiges Bild der Phänomene entbehren könnten, weil sich die ganze Induktion um eine Wahrnehmung derjenigen Teile drehe, in welchen die betreffenden Phänomene übereinstimmten oder sich unterschieden.

So verlangt also das Denken ein ganz anderes Material als das Rechnen; es arbeitet aber auch in viel mannigfaltigeren Formen als die an schematische Operationen gebundene Mathematik; es geht immer neue Wege, für welche sich keine so festen Regeln wie für die Mathematik zeigen.

Freilich haben außer Condillac auch neuere englische Philosophen eine schematische Regelmäßigkeit des Denkens zu erkennen geglaubt. Hamilton stellt in seiner Lehre von der Quantifikation des Prädikats ganz ähnlich wie Condillac jedes Urteil als einen Identitätssatz dar; denn nach Hamilton wird das Prädikat stets mit einer bestimmten derjenigen des Subjekts gleichen Quantität gedacht, wenn auch die Sprache diese mitgedachte Quantität nicht angebe.

Aber das Urteil besteht keineswegs in einer Vergleichung des Umfanges zweier Begriffe. Wenn man sagt: „Der Mensch ist sterblich", so liegt diesem Urteile nicht ein Vergleich der Vorstellung „Mensch" mit der Vorstellung „sterbliches Wesen" in hinsicht der darunter fallenden Individuen zu grunde, sondern in der Vorstellung „Mensch" wird das abstrakte Merkmal „sterblich" als zu ihr gehörig anerkannt; ich habe also nur die Vorstellung „Mensch" in mir, in welcher die Eigenschaft der Sterblichkeit besonders hervortritt. Daher ist die Gleichstellung eines Urteils mit einer mathematischen Gleichung unzulässig. Und wenn auch Boole eine mathematische Analyse der Logik versucht und wirklich lange Denkoperationen mathematisch dar-

---

2) Mill a. a. O. book IV ch. VI § 6.

gestellt hat, so hat schon STANLEY JEVONS mit Recht darauf hingewiesen, daß BOOLE's Logik nicht die Logik des gewöhnlichen Denkens sei, weil seine Symbole von den Beziehungen und Symbolen der Sprache durchaus verschieden seien.

Nicht durch vielfaches mechanisches Umformen desselben Satzes wird der wahre Fortschritt des Denkens erzielt, sondern durch den Lauf der mannigfaltigen Assoziationen, welche, ohne an feste Regeln gebunden zu sein, manches Neue zum Vorstellungsinhalt hinzubringen. Denn an die klare Vergegenwärtigung einer zu untersuchenden Frage, welche in der Mathematik ebenso wie in jeder andern Wissenschaft die Vorbedingung des gedanklichen Fortschrittes ist, schließt sich im Geiste ein Zuströmen von Assoziationen, aus welchen wir die passenden auswählen und weiter verfolgen. Hierbei treten früher gebildete, allgemeine Urteile oft sehr verkürzend auf und werden häufig, ohne wieder geprüft sein, zu weiteren Fortschritten benutzt. Der Lauf der Assoziationen ist ja nach dem vorstellenden Subjekte seinen Erfahrungen, Stimmungen und augenblicklichen Umgebungen sehr verschiedentlich bestimmt.

Daher ist das Resultat einer Gedankenreihe bisweilen nicht der Enderfolg einer langen, regelrechten Schlusskette, sondern oft durch irgendwelche Assoziationen schon weit früher und unvermittelt herbeigeführt und muss erst durch langsames, sicheres Nachdenken, welches bisweilen sogar vom Endpunkte nach dem Ausgangspunkte hin vorgeht, durch logisch bindende Zwischenglieder gefestigt und bestätigt werden.

Daher würde ein Versuch, wie manche Nominalisten ihn vorschlagen, die Sprache zu einem exakten Zeichensystem zu machen und mit demselben mathematisch zu operieren, nicht den Flug des Denkens fördern, sondern demselben völlig die Flügel lähmen.

Sechstes Kapitel: Taine.

§ 22. TAINE[1]) betrachtet zunächst eingehend den Wert und die Funktion der Zeichen überhaupt. Infolge mannigfacher Erfahrungen sind mit vielen unserer Wahrnehmungen gewisse Vorstellungen so eng assoziert, daß die Wahrnehmung eines Ereignisses, Gegenstandes oder einer Eigenschaft direkt die Vorstellung eines anderen Ereignisses, Gegenstandes oder einer Eigenschaft erweckt; die steigende Festigkeit der Assoziation führt endlich ein regelmäßiges Erwecken einer gewissen Vorstellung durch eine bestimmte Wahrnehmung herbei.

Wenn man z. B. einen Schrei von gewissem Klange hört, stellt man sich sofort einen schreienden Menschen vor; so ist der Schrei das Zeichen dieser Vorstellung. Auf ähnlichen Verbindungen beruhen die meisten unserer Urteile: wenn wir uns zu irgend einem Zwecke unserer Glieder bedienen, so sehen wir nach einer wahrgenommenen Handlung eine andere voraus, welche wir noch nicht wahrnehmen; so giebt uns eine gegenwärtige Erfahrung die Vorstellung einer möglichen Erfahrung ein. Indem wir das erste Glied des also verbundenen Paares berühren, machen wir uns eine Vorstellung des zweiten Gliedes; so ist das erste Glied ein Zeichen des zweiten.

In dieser großen Familie der Zeichen ist die bemerkenswerteste Gattung diejenige der Namen; denn da ein Name in uns ein Bild oder eine Bilderreihe erweckt, so ist er das Zeichen derselben. Doch besitzen die Namen die Eigentümlichkeit bisweilen z. B. beim schnellen Lesen gar kein Bild zu erwecken und sogar in manchen Fällen gar keines erwecken zu können. Hier kann also das zweite Glied des Paares fehlen und wird völlig durch das erste vertreten. Jedoch ist das übrig gebliebene Wort kein totes, unverständliches Zeichen, vielmehr hat es durch seine langdauernde Verknüpfung mit der sinnlichen Wahrnehmung des Objektes und der Vorstellung desselben auch dieselben Beziehungen wie das Objekt angeknüpft. Daher kann

---

1) H. TAINE, de l'intelligence. 4. édition. Paris 1883. S. 26 ff.

der Name ganz allein die Stelle des Bildes vertreten, welches er erweckte und der Erfahrung, welche er wiederbelebte; er ist also ihr Substitut. Auf diesen Paarungen, in denen das erste Glied sofort das zweite zur Erscheinung bringt, und auf der Fähigkeit dieses ersteren Gliedes das zweite ganz oder teilweise zu ersetzen, beruht der Ursprung der höheren Operationen des menschlichen Verstandes [1]).

Bei den gewöhnlichen Eigennamen findet das Erlöschen des Bildes, welches das zweite Glied des Paares darstellt, allmählich und unwillkürlich statt.

Noch wunderbarer aber steht es mit der zweiten Gruppe aller Namen, den Gattungsnamen, bei denen das zweite Glied überhaupt kein durch Wahrnehmung oder Erfahrung faßliches Objekt ist, sondern nur ein Teil eines solchen, ein Fragment, welches gewaltsam von jedem natürlichen Objekt, zu dem es notwendig gehört, losgelöst ist. In der That entsteht bei mir bei dem Worte „Baum", besonders wenn ich es langsam und aufmerksam lese, ein unbestimmtes Bild, von dem ich nicht sagen kann, ob es ein Apfelbaum oder eine Tanne sei. Und doch ist der Name ein ganz bestimmter Extrakt, den man meist sicher definieren kann; es bezeichnet also der Name etwas Anderes als das unbestimmte, durch ihn hervorgerufene Bild. Wie kommen die Menschen zu solchen abstrakten Namen, und wie können sie sich derselben bedienen an Stelle einer abstrakten Erfahrung, die sie niemals machen können? Das beruht auf einer Eigentümlichkeit der menschlichen Natur. Alle Erfahrungen, die wir machen, und die Bilder, die in uns auftauchen, setzen uns zugleich in Affekt und erregen so in uns einen oder mehrere kleine Triebe, tendances [2]). Auf diesen Trieben, welche dem entsprechen, was ähnlichen Gegenständen gemeinsam ist, d. h. irgend einer abstrakten Qualität [3]), und welche von der Wahrnehmung vieler ähnlichen Gegenstände übrig bleiben, beruht das Sprachvermögen des Menschen und besonders die Bildung der Gattungsnamen.

Wenn man sich z. B. im Walde befindet und Bäume aller

---

1) TAINE a. o. S. 32.
2) TAINE a. o. S. 37.
3) TAINE a. o. S. 40.

Arten wahrnimmt, so bemerkt man das Anstreben der Stämme, das Ausbreiten der Aeste, die beiden unterscheidenden Merkmale des Baumes; man begreift so den Baum im Allgemeinen und spricht den Namen „Baum" aus. Das bedeutet einfach, daß ein gewisser Trieb, welcher diesen Merkmalen entspricht, sich schliesslich in mir entwickelt hat und nun allein herrscht. Fünfzig mal nacheinander ohne einen einzigen widersprechenden Fall hat sich der Trieb beim Anblick von 50 Bäumen allein erhoben, während alle übrigen, welche den Eigentümlichkeiten der einzelnen Bäume entsprachen, durch ihren gegenseitigen Widerspruch verschwunden und vernichtet sind. Das Produkt des übrigbleibenden Triebes ist, wie bei jedem Triebe, ein Ausdruck.

Wir nehmen also nicht die generellen Qualitäten der Dinge wahr, sondern empfinden in ihrer Gegenwart nur irgend einen unbestimmten Trieb, der in der natürlichen Sprache in einer Geberde und in unserer künstlichen Sprache in einem Namen gipfelt. Aber ein Trieb an sich ist nichts Bestimmtes; er ist nur der erste Anlauf an eine Sache, Bild oder Namen, der seine Vollendung ist. Betreffs positiver und definitiver Akte sind demnach, wenn wir die abstrakten Qualitäten denken oder erkennen, nur Namen in uns vorhanden, die teils im Begriff sind Ausdruck zu gewinnen, teils denselben schon gewonnen haben [1]).

Folglich ist ein allgemeiner Begriff nur ein Name, zwar nicht als ein einfacher Laut oder Buchstabenkomplex, aber doch insofern als der Name für uns die beiden Eigenschaften besitzt, daß er im Augenblicke seines Erscheinens die Bilder einer Reihe von Gegenständen einer Kategorie in uns hervorruft, und daß er andererseits von Bildern der Gegenstände derselben Kategorie hervorgerufen wird.

Darin besteht also die Ueberlegenheit der menschlichen Intelligenz, daß sehr allgemeine Merkmale bestimmte Triebe erwecken, welche ihrerseits in einem Ausdruck, einem Namen gipfeln [2]).

Ist diese Fähigkeit einmal vorhanden, so vervielfältigen sich durch tägliche Erfahrung Triebe und Namen und bilden

---

1) TAINE a. o. S. 41 ff.
2) TAINE a. o. S. 51.

unter sich eine Ordnung gleich den generellen Qualitäten, deren Vertreter sie sind. Andererseits gewinnen die Namen mehr Fülle; denn durch die Vermehrung unserer Erfahrungen bemerken und benennen wir späterhin eine größere Zahl genereller Merkmale an demselben Gegenstand, so daß sein Name, der anfangs das einzige zuerst auffallende Merkmal bezeichnete, jetzt mehrere umfaßt, somit kollektiv geworden ist [1]).

Aber noch weiter hilft uns diese Fähigkeit zu benennen und zu substituieren. Denn es giebt Dinge, von denen wir keine Erfahrung haben können, und von denen wir eben darum, weil nur durch den gemeinsamen Charakter der Erfahrungen in uns ein bestimmter Trieb und Name erzeugt wird, auch keinen Begriff haben könnten, wenn wir nicht eine Komplikation der Namengebung vorzunehmen vermöchten [2]).

So geht es besonders bei den Zahlennamen. Anfangs nehmen wir eine sehr kleine Gruppe, die dem engen Fassungsvermögen unseres Geistes entspricht und imstande ist, in uns einen Trieb und Namen zu wecken; so entstehen etwa die Zahlbegriffe „zwei, drei, vier", deren abstrakte Eigenschaft „zwei, drei, vier" zu sein in uns einen Trieb und somit den betreffenden Namen erweckt.

Mehr als „vier" oder „fünf" können sich die meisten Menschen nicht direkt vorstellen. Um zu höheren Zahlen zu gelangen, verbinden wir die unterste vorstellbare Gruppe und ihren Namen z. B. „vier" mit einem neuen Individuum; dadurch erwacht in uns ein neuer Trieb und Name: $4 + 1 = 5$, also der Name „fünf"; so gehen wir Schritt für Schritt weiter zu höheren Zahlen bis zum Finalnamen, z. B. 36, welcher dem abstrakten Merkmal 36 zu sein entspricht, das direkt in uns keinen Trieb und Namen hervorrief.

Die Wirkung der Substitution geht noch weiter: wir operieren in der Geometrie mit Objekten, die in der Erfahrung nirgends existieren, z. B. Kreis, Kugel [3]). Die Definition derselben enthält nur eine Reihe abstrakter Worte; dieselben bilden einen Komplex und bezeichnen einen neuen Gegenstand, der für unsere

---

1) Taine a. o. S. 52.
2) Taine a. o. S. 56 ff.
3) Taine a. o. S. 60.

Sinne nicht faßlich, für unsere Erfahrung nirgends zugänglich
ist, den unsere Einbildungskraft sich nicht vorstellen kann.
Aber wir haben kein Bedürfnis, ihn sinnlich zu fassen, weil wir
seine Formel besitzen und sämtliche Eigenschaften und Beziehungen, die wir an diesem Substitut entdecken, auch dem
Substituierten beilegen können.

Wir denken also weder die Zahlen außer den vier ersten,
sondern ihre Äquivalente, die mit der Einheit verbundenen
Namen der vorhergehenden Zahlen, noch die unendlichen, ide-
ellen Objekte oder deren abstrakte Merkmale, sondern die ihnen
entsprechenden generellen Namen.

§ 23. TAINE behauptet also ein Eintreten des Namens an
Stelle derjenigen Vorstellung, welche er bezeichne, finde in
grossem Umfange statt, nicht nur z. B. bei einem auf das Lesen
folgenden Denken bei Namen, deren Vorstellung wir sehr wohl
haben könnten, sondern noch vielmehr beim abstrakten Denken,
welches allein auf jener stellvertretenden Kraft der Namen be-
ruhe; denn die generellen Begriffe seien nur Namen. Dasselbe
führt er dann an den Zahlen und geometrischen Begriffen aus.

TAINE stützt sich bei seiner Untersuchung auf die innere
Erfahrung und sucht dieselbe durch die bereits in der Ein-
leitung besprochenen Hilfsmittel zu heben; aber seine Methode
bleibt sich nicht gleich.

Bei der Untersuchung der die Eigennamen begleitenden
Bedeutungsvorstellungen beobachtet er Sätze und konstatiert,
dass im Satzzusammenhange die Bedeutungen wenig oder gar
nicht vorgestellt würden; die abstrakten Namen jedoch betrachtet er einzeln für sich und bemerkt so, daß sie nur
eine höchst unklare Bedeutungsvorstellung hinter sich haben
könnten. Dieses Verfahren ist wenig zu billigen; wenn es sich
um eine Prüfung einzelner Wörter auf ihre Bedeutungsvorstellung hin handelte, so konnten diejenigen Namen, welche eine
feste Bedeutungsvorstellung hervorrufen können, die Eigennamen, ebensowohl isoliert als im Satzzusammenhang beobachtet
werden; aber die abstrakten Namen, denen keine feste Bedeutungsvorstellung unmittelbar entspricht, außerhalb des Satz-
zusammenhanges auf ihre Bedeutung hin zu prüfen, ist eben
darum unzulässig, weil sich erst im Zusammenhange eines oder

mehrerer Sätze eine feste Bedeutungsvorstellung bei den Abstrakten einstellt.

Hört man z. B. den Ausdruck: „der Dom zu Köln", so wird die Vorstellung des Domes genau dieselbe sein, als wenn man den Satz liest: „Wir fuhren den Rhein hinab bis Köln und besahen den Dom daselbst." Vernimmt man dagegen plötzlich und unvermittelt das Wort „Tier", so wird man schwerlich irgend eine bestimmte Vorstellung eines Tieres haben, — es sei denn, dass man für irgend eine Art von Tieren eine besondere Vorliebe hegt. Nun betrachte man aber folgende Sätze: „Wir durchzogen bei Nacht einen dichten Urwald, welcher vom Gebrüll wilder Tiere widerhallte; plötzlich vernahmen wir in unserer Nähe ein starkes Geräusch, ein Tier, ein Tiger brach auf uns herein." Während dieses ganzen Satzgefüges bildet die Vorstellung des dunklen Urwaldes gleichsam den Hintergrund, bei den Worten „vom Gebrüll wilder Tiere" stellte ich mir überhaupt noch kein Tier vor, sondern nur eine besondere Gehörsvorstellung, welche dem Tiergebrüll entspricht; wo das Wort Tier zum zweiten Male erscheint, entsteht eine unsichere Vorstellung, welche sofort durch das Wort Tiger gleichsam konkretisiert wird; halte ich jetzt an und denke noch einmal an die Tiere des Urwaldes, so tritt unabweisbar die Vorstellung des Tigers wieder hervor, doch sehe ich in ihr nur auf die wesentlichen Merkmale des Tieres. Daher hat TAINE bei seiner isolierenden Betrachtung der Gattungsnamen eine Methode eingeschlagen, welche nur bei den Eigennamen zulässig war. Ferner betrachtet TAINE alle Namen als Zeichen, indem er von einigen prinzipiellen Erörterungen über die Zeichen ausgeht. Geben wir ihm zu, dass, wenn zwei Dinge stets aufeinanderfolgen, das erste Ding Zeichen des zweiten ist, „so" — sagt TAINE weiter — „sind die Namen Zeichen der Vorstellungen, weil auf die Namen stets die betreffenden Vorstellungen folgen." Dies kann jedoch nur beim Hören oder Lesen von Worten gelten, denn beim direkten Denken vor und während dem Sprechen folgt in der Regel der Name erst auf die Vorstellung; ja der Name gilt beim Hören und Lesen nur darum als Zeichen, weil er bei dem dem Sprechen vorausgehenden Denken auf die Vorstellung folgte. Nur dadurch ist es möglich, daß, wenn ich einen Namen höre und verstehe, ich überzeugt bin, daß mein

Nebenmensch, der den Namen aussprach, dieselbe Vorstellung in sich vor dem Aussprechen des Namens hatte, welche ich nach Vernehmen des Namens in mir habe. Folgendes Schema zeigt dies deutlicher.

$$\underbrace{\text{Vorstellung } a_1}_{\substack{\text{verknüpft}\\\text{im Menschen A}}} \quad \overbrace{\text{Name } x} \quad \underbrace{\text{Vorstellung } a_2}_{\substack{\text{verknüpft}\\\text{im Menschen B}}}$$

Hier ist genau genommen der Name x für den Menschen A ein Zeichen der Vorstellung a_2; für B ein Zeichen von a_1. Nun sind freilich a_1 und a_2 im Wesentlichen gleich und darum kann im Allgemeinen der Name x ein Zeichen der Vorstellung a genannt werden, aber man handelt irrtümlich und in einer unklaren Vorstellung von der Funktion des Namens als Zeichen, wenn man innerhalb des Denkens des einzelnen Menschen den Namen als Zeichen und Stellvertreter der Bedeutungsvorstellung ansehen will und darauf Schlüsse über die Natur des Denkens bauen zu können glaubt, deren Voraussetzung ein nur in Worten vor sich gehendes Denken ist. Gegen dieses Wortdenken haben wir bereits früher (§ 10, 13, 21) die gewichtigsten Bedenken geltend gemacht.

Wir gestehen jedoch gerne zu, daß die Vorstellungsstärke die mannigfachsten Abstufungen durchmacht: neben der subjektiven Eigenart des Denkens beeinflußt auch die subjektive Erfahrung sehr die Anschaulichkeit der Vorstellungen; ferner ist das dem Sprechen vorausgehende Denken jedenfalls eher geneigt klar vorzustellen als das dem Hören oder Lesen folgende Denken, welches leichter zum mechanischen Operieren in Worten wird; endlich ist beim Hören oder Lesen auch die Stellung der Wörter und ihr Wert im Satze von Einfluß; die Vorstellung des Subjektes, d. h. des sogenannten logischen Subjektes, wird stets besonders hervortreten, — kurz vielerlei Umstände wirken zusammen, um alle Abstufungen vom klarsten bis zum unklarsten Vorstellen möglich zu machen, ja bisweilen, besonders beim schnellen Lesen, mag ein vollkommenes Erlöschen des Bildes stattfinden. Aber ist dieses Erlöschen so wenig nachteilig, daß es vielmehr Regel im Denken und die Hauptursache unserer Intelligenz ist, wie TAINE glaubt? Das scheint uns nicht möglich; denn jenes Erlöschen findet sich auch im gewöhnlichen Leben keineswegs so häufig, wie TAINE annimmt.

Selbst in jenem Beispiel, das TAINE anführt, wo unter vielen andern Dingen in Paris auch der Louvre genannt wird, scheint es nicht glaublich, dass der Lesende beim Worte „Louvre" gar nichts vorstellt; ein schwacher Schimmer der wesentlichen Merkmale eines Gebäudes wird sich auch hier blitzschnell einstellen. Sogar die fast sprichwörtlich bedeutungslosen Phrasen, deren man im gesellschaftlichen Leben viele macht, sind nicht einfache Worte. Z. B. ich empfange einen Besuch, der mich gerade lästig bei einer Arbeit stört; trotzdem begrüße ich denselben mit den Worten: „Ach, freut mich Sie zu sehen! Wie gehts." — Dabei bin ich mit meinen Gedanken noch bei meiner Arbeit und ärgere mich über die Störung; ich denke also an ganz andere Dinge, als ich sage. Trotzdem kann man nicht behaupten, ich hätte diese Sätze ohne Bedeutungsbewußtsein hergesagt; ich verwende diese Phrasen mit dem Bewußtsein, daß es gewöhnliche Begrüßungsformeln sind; und daß derjenige, der diese Phrasen hört, erst recht mit denselben gewisse Vorstellungen verbindet, geht am besten daraus hervor, daß er sich unangenehm berührt fühlt, wenn man ihn ohne alle Phrasen empfängt.

§ 24. Bestreiten wir also das häufige Vorkommen einer vollständigen Vertretung von Vorstellungen durch Namen im Geiste, so hat TAINE noch einen Einwurf, der uns zugleich auf den zweiten, charakteristischen Teil seiner Lehre führt. „Aber, könnte er sagen, es giebt doch Namen, denen gar keine feste Bedeutungsvorstellung entsprechen kann, nämlich die Namen der Gattungsbegriffe, der Zahlen und der geometrischen Ideale."

Um diese Ansicht näher darzulegen, geht er zunächst auf die Entstehung der Gattungsbegriffe und Namen ein; hierbei vermengt er jedoch zwei Entwicklungen, diejenige der Menschheit und diejenige des einzelnen Menschen; beide haben sicherlich gewisse Ähnlichkeiten miteinander, aber gerade auf dem Gebiete der Sprache und des Denkens entwickelt sich der Einzelne am wenigsten selbständig, sondern knüpft stets an die frühere Generation an.

Die Entstehung der Gattungsbegriffe, welche TAINE entwickelt, soll so, wie er sie darlegt, noch heute nicht nur einmal, sondern stets wiederholt bei jeder neuen Wahrnehmung derselben Dinge erfolgen; ein jeder, der einen Wald wahrnimmt, soll jedesmal in sich einen Kampf der Triebe durchmachen, welcher in dem Ausdruck „Baum" gipfelt. Aber in Wirklichkeit bringt doch heutzutage ein jeder, wenn er in den Wald geht, schon die Vorstellung, sicherlich den Namen „Baum" mit und braucht nicht erst den Begriff sich entwickeln zu lassen. Als Kinder lernten wir für gewisse Gegenstände, die man uns wies, gewisse Namen, wir prägten uns die Vorstellungen der Gegenstände mit den Namen zugleich ein, und wenn nun bei wachsender Erfahrung eine weitere Entwicklung in der Begriffsbildung geschah, so war eben der Name hier stets schon neben dem sich bildenden Begriffe vorhanden und nicht erst das Resultat desselben.

Aber vielleicht passt auf die ersten Menschen die von TAINE ausgeführte Entwicklung? Fassen wir TAINE's Lehre so, dann erkennen wir in derselben eine originelle Verknüpfung der Lehre der alten Logik von der Entstehung der Begriffe mit der modernen sogenannten Reflextheorie von der Entstehung der Sprache.

Die alte Logik lehrte bekanntlich, daß ein Gattungsbegriff aus der Wahrnehmung vieler einzelnen Dinge derselben Gattung entstehe, indem die jenen Dingen gemeinsamen Merkmale öfter wahrgenommen sich gegenseitig stärkten und die unwesentlichen, seltener und in gegenseitigem Widerspruch wahrgenommen, sich aufhöben, so daß der Begriff aus den wesentlichen Merkmalen aller Einzeldinge der Gattung bestehe.

Zu dieser Lehre bringt TAINE nun die Auffassung von der Entstehung der Sprache hinzu, als deren Hauptvertreter wir MAX MÜLLER[1]) citieren: „Es giebt", sagt er, „ein Gesetz, welches sich fast durch die gesamte Natur hindurchzieht, daß jedes Ding, das ist, einen Klang von sich giebt. Jede Substanz hat ihren eigentümlichen Klang (Holz, Metall u. a.). Ebenso war es mit dem Menschen, dem vollkommensten Organismus unter den Werken der Natur: er besaß das Vermögen, vernünftigen Konzeptionen seines Geistes einen besseren, feiner artikulierten Ausdruck zu geben. Dies Vermögen war ein Instinkt des Geistes."

---

1) MAX MÜLLER, Vorles. über die Wissensch. der Sprache I S. 331—32.

Dieser Instinkt äußerte sich nach TAINE nun in Trieben, welche den einzelnen Merkmalen der Dinge entsprachen, und der Trieb, welcher dem überwiegenden Merkmal entsprach, führte zum Gattungsnamen. Betrachten wir kurz die Grundlagen dieser Ansicht. Zunächst ist zu bemerken, daß ein solcher Ursprung der Sprache, wie ihn MÜLLER annimmt, durch nichts erwiesen ist; man hat einen solchen schöpferischen Sprachtrieb noch nie bei Kindern wahrgenommen.

Man findet, wie MARTY[1]) sagt, beim Menschen, wie wir ihn jetzt beobachten, wohl an psychische Zustände irgendwelche Muskelaktionen und auch Lautäußerungen geknüpft, aber nicht jene reiche Mannigfaltigkeit unterscheidbarer Laute und Geberden, wie die Sprache aufweist. Somit ist auch die Annahme von aktiven Trieben, welche aus einem Affekte hervorgehend zum sprachlichen Ausdruck führen müssen, eine vage Hypothese TAINE's.

Jene Ansicht der alten Logik aber hat gewiß darin recht, daß die gemeinsamen Merkmale mehrerer ähnlichen Dinge öfter wahrgenommen in der Vorstellung gestärkt werden, während die unwesentlichen sich schwächen; dies drückt TAINE so aus, daß uns die öfter wahrgenommenen Merkmale mehr in Affekt setzen. Aber die alte Logik geht zu weit, wenn sie annimmt, daß wir uns wirklich eine Vorstellung bilden könnten, welche nur jene gemeinsamen Merkmale enthielte, während die unwesentlichen sich völlig vernichtet hätten, und TAINE folgt auch hier mit, wenn er von dem endlichen zum Ausdruck führenden Siege eines Merkmales oder vielmehr eines Triebes, der dem wesentlichsten Merkmale entspräche, redet. Wir haben niemals eine nur aus den wesentlichsten Merkmalen eines Begriffes bestehende Vorstellung in uns, sondern stets stehen den wesentlichen unwesentliche Merkmale zur Seite; denn so allein kommt eine konkrete Vorstellung zu stande. Aber allerdings steht es in der Macht unseres Geistes, die wesentlichen Merkmale nur allein zu betrachten und von den unwesentlichen abzusehen.

---

1) MARTY, Vierteljahrsschrift 8. Jahrg. S. 457.

§ 25. Eine eigenartige Veränderung der alten Lehre führt TAINE herbei, indem er behauptet, wir nähmen keine generellen Merkmale wahr, sondern wir hätten in uns nur Triebe, welche jenen generellen Merkmalen direkt, doch ohne unser Bewußtsein entsprächen und zum sprachlichen Ausdruck drängten. Aber woher kennen wir denn generelle Merkmale, wenn wir sie niemals wahrnehmen?

Man könnte hier vielleicht die Beobachtung anführen, daß in uns nach der Wahrnehmung vieler Dinge wirklich die jenen Dingen gemeinsamen Merkmale stärker vorgestellt werden, ohne daß wir wissentlich früher auf dieselben geachtet haben; die die meisten Menschen haben sogar, könnte man sagen, Begriffe von allen möglichen Dingen, ohne sich der wesentlichen Merkmale derselben bewußt zu sein. Haben sie also wirklich diese Merkmale nicht bewußt wahrgenommen? Jeder hat doch unzählige Male Menschen gesehen, jeder hat sich den Begriff „Mensch" gebildet, trotzdem können wenige denselben definieren. Haben darum die meisten Leute die wesentlichen Merkmale des Menschen übersehen? Dieser Schluß ist unzulässig; die Thatsache aber, welche hier vorliegt, erklärt sich folgendermaßen. Niemand kann sich einen Menschen in abstracto vorstellen, der nur die wesentlichen Merkmale besäße, sondern jeder stellt sich bei dem Namen „Mensch" einen einzelnen Menschen vor, in dessen Vorstellung sowohl wesentliche als unwesentliche Merkmale enthalten sind. Die wachsende Erfahrung stärkt allerdings die wesentlichen Merkmale in der Vorstellung, aber die stets veränderte Gemütsstimmung der Menschen, insbesondere das oft auf unwesentliche und äußerliche Merkmale gerichtete Interesse wirkt diesem Einflusse hinderlich entgegen. Ein ruhigeres und klares Denken, mannigfaches Urteilen und Vergleichen führen erst wirklich zu einem logischen Begriff und zur definitiven Stärkung der wesentlichen Merkmale in der Vorstellung. Einem so geschulten Geiste treten dann unwillkürlich die wesentlichen Merkmale vor den unwesentlichen hervor. Es liegt also jene Unfähigkeit zu definieren, d. h. die wesentlichen Merkmale anzugeben, nicht begründet in einem Nichtbewußtsein derselben, sondern in einem Schwanken der Wertschätzung der Merkmale innerhalb der sie enthaltenden Vorstellung.

So können wir also die Entstehung der Gattungsbegriffe

oder vielmehr Gattungsnamen, welche TAINE annimmt, keineswegs billigen, der Name folgt nicht so unmittelbar, wie TAINE meint, aus der Wahrnehmung ähnlicher Dinge als das Produkt ihrer gemeinsamen Merkmale, daher kann er weder ihr vollberechtigtes Substitut sein, noch den einzigen bewußten Inhalt der abstrakten Begriffe bilden.

Vielmehr beruht jene Eigenschaft, welche TAINE als das Wesen der Gattungsnamen ansieht, daß sie Bilder mehrerer Dinge derselben Kategorie in uns hervorrufen und von denselben hervorgerufen werden, auf dem den Namen begleitenden Bewußtsein, daß er das gemeinsame Vorhandensein gewisser Merkmale bezeichnet, welche sich in jeder beliebigen Einzelvorstellung der Gattung beisammen finden.

§. 26. Von diesen Gattungsbegriffen schied TAINE — und damit kommen wir zum dritten Teile seiner nominalistischen Theorie — als eine besondere Art die geometrischen Begriffe, eine Unterscheidung, welche wir nicht voll billigen können. Freilich kann man die geometrischen Begriffe: „Linie, Kreis" nirgends wahrnehmen, aber dasselbe gilt doch auch von den Gattungsbegriffen. Von den geometrischen Idealen, mit denen wir operieren, haben wir ebensowenig eine adäquate Vorstellung wie von den Gattungsbegriffen, aber darum sind diese doch ebensowenig nur Namen wie jene. Allerdings besteht der Unterschied zwischen diesen beiden Arten von Begriffen, daß bei den Gattungsbegriffen jedes einzelne Wesen der Gattung vollständig den Gattungsbegriff in sich enthält und daher auch vertreten kann, z. B. jedes Pferd, Hund, Katze den Begriff „Tier", während die geometrischen Ideale auch in keiner Einzelvorstellung rein enthalten sind; z. B. läßt sich keineswegs in der Vorstellung „Rad" der Begriff „Kreis" rein wahrnehmen, denn jedes Rad wird sich der Kreisform nur mehr oder weniger vollkommen nähern.

Dieser Mangel wird nun aber durch einen neuen Zug des Denkens ausgeglichen, indem wir uns dem geometrischen Ideale als einem Postulate durch eine in gewisser Richtung unbegrenzte Reihenbildung mehr und mehr nähern können. Aber die Grundlage auch dieser Operation ist zunächst eine konkrete Einzelvorstellung. In der Vorstellung eines Rades beachte ich

die Rundung besonders und, indem ich sie mir beliebig vervollkommene, nähere ich sie dem Ideale der Kreisfigur.
Größere Anerkennung müssen wir Taine's Auffassung der Zahlbegriffe zollen. Freilich können wir auch hier eine Benennung infolge eines Triebes, der einem abstrakten Merkmale entspräche, nicht zugeben, aber sicher ist, daß eine adäquate Vorstellung aller größeren Zahlen unmöglich ist, und das sich der Geist darum besonderer Hilfsmittel bedient, deren hauptsächlichstes eben die Zahlnamen sind.

Hier lassen sich in der That Fälle denken, in denen mit dem Zahlnamen gar keine Bedeutungsvorstellung verbunden scheint. Aber sowie ein Operieren mit Zahlen beginnt, ist nach den früheren Erörterungen jedenfalls das Bewußtsein, daß die Zahlen irgend eine Menge bezeichnen, vorhanden. Wie vermag ich zu addieren und subtrahieren, ohne mir ferner der Beziehungen der Zahlen zueinander bewußt zu sein? ohne zu wissen, daß 999 größer als 998, kleiner als 1000 ist? Allerdings kann ich mir die Größe 999 nicht vorstellen, allerdings ist der Name hier von der größten Wichtigkeit, aber er ist es nur, weil doch ein gewisses Bedeutungsbewußtsein eng an ihn geknüpft ist. Dieses beruht einmal auf der uns von Kindheit an fest eingeprägten Reihenfolge der Zahlnamen, sodann auf unserer Einteilung aller Größen in gewisse Gruppen, welche wir meist schon durch den Namen bezeichnen: dreizehn $= 3 + 10$, dreißig $= 3 \times 10$. Letzteren Kunstgriffes bedient sich der menschliche Geist weit häufiger und mit mehr Erfolg, um größere Reihen zu übersehen, als des von Taine ausgeführten Mittels, sich z. B. 36 als 5 (niedrigste vorstellbare Zahl) $+ 1 + 1 + 1$ u. s. w. bis $35 + 1$ vorzustellen. Hierauf beruht das Operieren mit Zahlen anscheinend ohne Vorstellung ihrer Werte, daß man vielmehr sich die Größen in Gruppen zerlegt vorstellt: $36 = 3 \times 10 + 6$. Hätte man alle Größen z. B. bis 100 jede mit besonderem Namen benannt, so wäre das kein Vorteil, sondern nur ein ungeheurer Nachteil für das Rechnen, welches eben erst dadurch möglich wurde, daß man die Größen in Gruppen zerlegte, innerhalb welcher wieder genau die Reihenfolge der einzelnen Zahlnamen bestimmt war.

Siebentes Kapitel: Shute.

§ 27. SHUTE sucht aufs neue die Theorie des Nominalismus, daß alles Denken sich fast nur in Wortvorstellungen vollziehe, allseitig durchzuführen.

Er findet einen direkten Beweis in der Entwickelung der Sprache, einen indirekten in der Schwäche unserer Einbildungskraft. Die Gedanken der Wilden, sagt er [1]), bestehen aus Wiedervergegenwärtigungen ihrer Erfahrungen, sie sind langsam, während die Einbildungskraft die größte Lebhaftigkeit besitzt; ihre artikulierte Sprache ist voll von Wortbildern. Die Wilden allein besitzen die Form des Gedankens in ihrer Reinheit, welche gewöhnlich als die allgemeine beschrieben wird [2]). Aber mit der fortschreitenden Civilisation werden die Namen konventionell; denn die größere Erfahrung zwingt, weil es unmöglich ist, alles durch Laute und Geberden nachzuahmen, die Menschen Zusätze zu den ursprünglichen Lauten zu machen, und allmählich verwischt sich dann die eigentliche Bedeutung der Teile, aus denen der Name besteht.

Dazu bilden sich, um verschiedenerlei Beziehungen der Personen und Handlungen auszudrücken, mancherlei Verben, Pronomina und andere Redeteile; so wird auch der Satz konventionell. In diesen rein konventionellen Worten und Sätzen geht den meisten Menschen der größte Teil der Erfahrungen zu und prägt sich ihnen ein; ja sogar die Beschäftigung vieler Menschen besteht nur in dem kunstvollen Kombinieren von Worten [3]). Denn die Aufgabe des Staatsmannes, des Advokaten, des Predigers ist doch nur ein Anordnen, Aussprechen und Anhören von Worten; wir alle füllen unsere freie Zeit mit Geselligkeit oder mit Lesen aus, wir lernen fortwährend neue Worte und Wortverbindungen kennen, aber wie selten neue Dinge!

---

1) SHUTE, a discourse on truth, London 1877. S. 226.
2) SHUTE a. o. S. 228.
3) SHUTE a. o. S. 230, 233.

So bilden die gehörten Worte beinahe den ganzen Inhalt der Erfahrung. Die geschriebenen Worte werden beim stillen Lesen in gehörte übersetzt lange Zeit durch lautes oder halblautes Sprechen zuerst aller, dann ungewöhnlicher Worte endlich bloß in Gedanken; zuletzt stehen sogar die Schriftzeichen unmittelbar für die Dinge; die Vorstellung der einen vertritt die der andern [1]).

Wenn wir modernen Menschen, deren Einbildungskraft viel langsamer ist, denen die Vorstellung wirklicher Dinge viel schwerer fällt als den Wilden, wirklich mit Vorstellungen von Dingen und Erlebnissen denken sollten, so müßte unser Denken viel langsamer und schwieriger sein als das der Wilden. Da nun offenbar das Gegenteil der Fall ist, so können nicht die Vorstellungen von Dingen, sondern nur die Vorstellungen von Wörtern die Bausteine und den Stoff unseres Denkens bilden [2]). Dieses Wortdenken ist bei zusammengesetzten und abstrakten Vorstellungen besonders deutlich. Denn während sich die Vorstellung eines Hundes, Pferdes u. a. m. einfach und schnell erzeugt, und es die Auseinandersetzung nicht sehr verzögern würde, wenn wir jedesmal im Denken einhalten wollten, um die entsprechenden Wörter in die Vorstellung der Dinge zu übertragen, so setzt dagegen die Hervorrufung von zusammengesetzten Vorstellungen, z. B. „Edelmut", in uns ein schnelles Durchlaufen einer Anzahl ähnlicher Vorstellungen, aus denen diese Vorstellung zusammengesetzt ist, voraus: man muß einen Geber und einen Empfänger, eine gewisse Thätigkeit und die Gesinnung, mit welcher dieselbe erfolgt, vorstellen, um aus diesen notwendigen Bestandteilen jene zusammengesetzte Vorstellung bilden zu können [3]). Nun ist es offenbar, daß wir dieses vielfache Analysieren und Überdenken der einfachen Vorstellungen in der Zeit, wo wir die ersten paar Silben eines Urteils, wie „Edelmut ist eine Tugend", bilden oder sprechen, nicht vollziehen können. Wir behaupten in Wirklichkeit nur die Anwendung des letzteren Namens auf den ersteren nach

---

1) SHUTE a. o. S. 232.
2) SHUTE a. o. S. 233.
3) SHTTE a. o. S. 246.

der allgemeinen Annahme der Menschen, und wir gehen sofort zu einer anderen Wortverbindung über.

Dafür, daß uns das Denken in einer Reihe von Bildern sehr schwierig geworden ist, spricht endlich auch der Umstand, daß die bilderreiche Poesie uns fremdartig berührt und mehr einer verhältnismäßig frühen als einer fortgeschritteneren Stufe der Civilisation angehört [1]).

Sonach ist der Charakter des Wortdenkens folgender: „Die Wörter der Sprachen der civilisierten Menschheit sind willkürliche Zeichen für die Vorstellungen von Wahrnehmungen, Gefühlen und Thätigkeiten, so willkürlich wie die Buchstaben der Algebra, welche jede beliebige Größe bezeichnen können. Wie wir beim Beginn der Lösung einer algebraischen Aufgabe festsetzen, was uns die einzelnen Buchstaben bedeuten sollen, dann aber nach den Gesetzen der Algebra mit diesen Buchstaben verfahren, ohne uns um ihre Bedeutung zu kümmern, endlich jedoch nach gefundener Lösung uns dieser Bedeutung wieder erinnern, so übertragen wir bei einer zusammenhängenden Gedankenkette nur die Worte des Anfangs- und Schlußgliedes in die entsprechenden Vorstellungen von Wahrnehmungen, Gefühlen und Thätigkeiten. Die Wortverbindungen, welche die Zwischenglieder bilden, lassen wir unübertragen, sei es nun, daß wir sie auf unseren eigenen Erfahrungen bildeten, sei es, daß wir sie auf Treu und Glauben von anderen aufnahmen [2]). Nur dann, wenn wir Zweifel in die Richtigkeit dieser Wortverbindungen setzen, übertragen wir dieselben in die Vorstellungen von Wahrnehmungen, Gefühlen und Thätigkeiten, um uns durch Besinnung auf unsere Erfahrung von der Richtigkeit oder Unrichtigkeit der Verbindung zu überzeugen [3]). Dieses Denken in Wortvorstellungen ist um so viel schneller als das Aussprechen der betreffenden Wörter, daß es sich neben und mit diesem Aussprechen mit Leichtigkeit vollzieht und doch geschieht dieses Aussprechen mit einer unverhältnismäßig größeren Schnelligkeit als das Übersetzen der Wortvorstellungen in die

---

1) Shute a. o. S. 254.
2) Shute a. o. S. 234 ff.
3) Shute a. o. S. 238.

betreffenden Bildervorstellungen [1]). Die nächste Entwickelungsstufe unseres Denkens wird sein, daß an Stelle der Wortvorstellungen direkt die Vorstellungen der Schriftzeichen treten [2]). Dadurch wird das Denken ein viel schnelleres, da ja dies Überfliegen der Schriftzeichen, sei es in Wirklichkeit, sei es in Gedanken, viel weniger Zeit erfordert als das Sprechen oder Anhören der betreffenden Wörter oder das Hervorrufen ihrer Vorstellungen als hörbarer Klänge.

§ 28. Diese Lehre Shute's bringt wenig Neues zu der bereits früher von Nominalisten aufgestellten Theorie vom Wortdenken hinzu, so daß, um ihre Grundlage zu erschüttern, es genügt, auf die früher (§ 10, 13, 21, 23) gegebenen Ausführungen hinzuweisen; aber eigentümlich ist der Lehre Shute's die Strenge und Schroffheit, mit der sie, weit entfernt das Wortdenken als etwas bisweilen eintretendes zu betrachten, vielmehr behauptet, daß die Entwickelung unserer Civilisation schon lange zu solchem Wortdenken geführt habe und überhaupt unser modernes Denken nicht möglich sei als nur in Worten.

Bevor wir Shute's Beweise prüfen, erinnern wir noch einmal an jene einleitenden Bemerkungen über die Methode; für Shute ist das Verfahren, daß er vom Verständnis oder vom Denken, welches das Lesen begleitet und demselben folgt, ausging, geradezu verhängnisvoll geworden; er scheint kaum ein selbständiges Denken zu kennen.

Und doch leuchtet unmittelbar ein, daß man während des Lesens oder auch wenn man Gelesenes wieder überdenkt, ganz bedeutend mehr unter dem Eindrucke der Wortvorstellungen steht als beim Denken, welches wir still in uns vor oder während dem Sprechen vollziehen. Da nun letzteres Denken sicher das ursprünglichere und wichtigere ist, so ist es ein Fehler, wenn Shute überall fast nur aus der Betrachtung des erstgenannten Denkens Schlüsse zieht über die Natur des Denkens überhaupt.

Shute's direkter Beweis geht von dem Denken und Sprechen des Wilden aus; folgen wir Shute in seiner Ableitung, so können wir eigentlich die Thatsachen, welche er angiebt, getrost

---

1) Shute a. o. S. 243.
2) Shute a. o. S. 257.

alle eingestehen. Zugegeben, daß der Wilde in Bildern denkt und in nachahmenden Lauten spricht, zugegeben, daß bei wachsender Erfahrung Worte und Sätze konventionell werden, zugegeben, daß uns Civilisierten heute der größte Teil aller Erfahrungen in Worten zugeht und in denselben im Gedächtnis bewahrt wird, so vermögen wir doch durchaus nicht einzusehen, warum aus allen diesen Thatsachen für uns ein Wortdenken als das allein wahre sich ergeben soll. Denn daraus, daß Worte und Redeteile rein konventionell wurden — das betont SHUTE hauptsächlich — folgt doch nur, daß beim Hören derselben nicht der gleiche Zwang vorlag, sich ihre Bedeutung vorzustellen, wie zu einer Zeit, in welcher alle Ausdrücke vielleicht nur gewisse Nachahmungen von Wahrnehmungen oder Teilen derselben waren. Aber warum soll, sobald die Bedeutung der Namen rein konventionell wird, eine solche Lockerung des Verhältnisses von Namen und Vorstellung eintreten, daß fortan meistenteils nur der Name erscheint?

Suchen wir uns die ganze Entwickelung möglichst klar auszumalen! Zuerst stand also der nachahmende Laut neben der Vorstellung; schon damals werden sich beide associiert haben; allmählich wurde der Ausdruck durch Zusätze und Abschleifungen verändert, so daß der ursprüngliche Benennungsgrund sich verwischte; doch geschah dies sicherlich langsam und stets in der Association mit der Vorstellung, und als endlich das nachahmende Moment völlig aus dem Namen verschwunden und derselbe rein konventionell war, hielt doch noch die Gewohnheit die Association aufrecht, welche jede neue Generation im Kindesalter lernt. Für die Festigkeit der Association giebt es bekanntlich keine Grenzen, also kann auch der rein konventionelle Name genau so eng mit der Vorstellung associiert werden und bleiben, wie der nachahmende Ausdruck es war.

Man könnte gerade das Gegenteil der SHUTE'schen Ansicht mit größerem Rechte behaupten: Jene Wilden, deren Ausdrücke in Nachahmungen oder deren Teilen bestanden, konnten in gewissem Sinne wirklich in Worten denken, weil diese Worte selbst entweder ganz oder teilweise mit den konkreten Vorstellungen zusammenfielen; aber nachdem die Worte nur noch konventionelle Bedeutung besitzen, ist eine Vernachlässigung derselben eben darum unmöglich, denn wie wir, selbst nachdem uns die meisten Erfahrungen nur in Worten überliefert sind, nun über die Erfahrungen unsererseits sollen denken und sprechen können ohne in ein Nachplappern gelesener oder gehörter Wörter, in ein unsinniges Zusammenstellen von stereotypen Wortverbindungen zu verfallen, ist nicht einzusehen. Allerdings sucht Shute[1]) einem ähnlichen Einwande des gesunden Menschenverstandes (common sense) zu begegnen, welcher das Denken nach Shute's Theorie für bloße Worte und sinnloses Gerede bezeichnen könnte, und er bemüht sich die Auffassung des gesunden Menschenverstandes zu rechtfertigen und mit seiner eigenen Erklärung in Übereinstimmung zu bringen. Dabei legt Shute aber erstens jenen Ausdruck „bloße Worte" doch zu sehr nach seinem Gefallen aus, wenn er meint, man nenne so Wortverbindungen, denen keine Vorstellungen entsprechen könnten; vielmehr bezeichnet man mit diesen Worten weit häufiger ein Gerede, dem im Sprechenden keine Vorstellungen entsprechen, aber doch entsprechen könnten und sollten. Daher verdiente ein Denken in der Art, wie Shute es annimmt, doch den Namen des Denkens in „bloßen Worten". Und wenn zweitens Shute sich in voller Übereinstimmung mit dem gesunden Menschenverstande zu befinden wähnt, weil auch er die Notwendigkeit des bildlichen Vorstellens am Schlusse einer Denkreihe betone, so bemerkt er doch andererseits wieder ausdrücklich, daß der eigentliche psychische Akt des Schließens nur ein nach gewissen Regeln vor sich gehendes Aneinanderreihen von Worten und zwar von „bloßen Worten" sei, eine Ansicht, welche wir schon öfter (§§ 10, 13, 21) zurückgewiesen haben.

§ 29. Der indirekte Beweis, welcher auf eine Verminderung der Einbildungskraft bei steigender Civilisation hinweist, spricht uns mehr an. Sicherlich ist unsere Einbildungskraft weit schwächer als diejenige früherer Menschengeschlechter, sicherlich fällt uns das Denken in vielen vollkommenen Bildern sehr schwer. Jeden überrascht die Verwendung der zahlreichen Bilder in der alten Poesie, in den Sprachen wilder Völker, ja im Ausdrucke des ungebildeten Volkes; überall treten die konkreten Vorstellungen stärker hervor. Dagegen verwendet das

---

1) Shute a. o. S. 249—352.

moderne Sprechen die ererbten, bildlichen Ausdrücke nur, um einige wenige Eigenschaften der betreffenden Vorstellungen hervorzuheben und bewegt sich sonst meist in abstrakten Worten; unzweifelhaft endlich ist, daß das moderne Denken schneller ist als dasjenige der Wilden und der Ungebildeten.

Aber es ist wiederum voreilig, hieraus zu schließen, daß das moderne Denken überhaupt gewöhnlich nicht in konkreten Sachvorstellungen, sondern nur in Wortvorstellungen vor sich gehen könne, vielmehr ist zunächst zu untersuchen, ob man sich nicht eine Stufe des Denkens in konkreten Bildern denken kann, welche zugleich die Schnelligkeit und andere Eigenschaften des modernen Denkens erklärt.

Nun ist allerdings die oben erwähnte Thatsache, jener auffallende Reichtum an bildlichen Ausdrücken in den älteren Sprachen zum Teil wirklich einem deutlicheren Bilderdenken zuzuschreiben, doch kommt noch ein anderer Umstand in betracht. In jenen früheren Zeiten gab es noch keine prosaische Sprache neben der poetischen, beide waren eins, und der bildliche Ausdruck war häufig nicht Folge eines besonderen poetischen Vorstellens, sondern einer Notlage des Denkens und Sprechens, denn man war noch nicht geübt, beim Denken die einzelnen abstrakten Merkmale, derentwegen man schließlich das Bild anführte, abzutrennen, sondern man bemerkte in dem, was man vorstellte, eine Ähnlichkeit mit einer anderen Vorstellung und führte dann den Namen dieser ganzen Vorstellung an, indem man sie zugleich ganz vorstellte. So bedient sich noch heute das gewöhnliche Volk sehr vieler Bilder nicht aus poetischem Sinne, sondern aus Mangel an logischer Schärfe und Ausdrucksweise. Man nimmt eine gewisse Gemeinsamkeit zwischen der gerade vorherrschenden Vorstellung und einer anderen wahr und sofort nennt man auch jene zweite Vorstellung; oft auch bezeichnet man das gemeinsame Merkmal und führt doch noch die zweite Vorstellung mit an; des letzteren Hilfsmittels bedienen auch wir uns noch, um dadurch in der Hauptvorstellung, auf die es uns ankommt, jene abstrakten Merkmale noch mehr hervortreten zu lassen. So sagt man: „laufen wie ein Besenbinder, hungrig wie ein Scheunendrescher u. a. m."

Aus demselben Grunde entspringt auch die schon früher erwähnte Thatsache, daß uncivilisiertere Völker und auch das gewöhnliche Volk bei uns eine grosse Zahl von Synonymen besitzen besonders für häufig auftretende Vorstellungen. Das erklärt sich so, daß dasselbe Ding je nach den verschiedenen Umständen und Stimmungen, unter denen es aufgefaßt wird, oft verschieden benannt wurde; dagegen ist die Sprache unserer Zeit mehr bemüht, dasselbe Ding auch stets gleich zu benennen und zufällige Veränderungen in der Vorstellung durch hinzukommende, besondere Wörter zu bezeichnen. Aber auch unsere moderne Sprache ist noch voll von bildlichen Ausdrücken, welche nicht nur als ererbt behalten werden, sondern zum Teil selbst in der Wissenschaft, wie z. B. in der Psychologie, durchaus nötig sind; dabei ist aber zweifellos, daß wir keine einzelnen, deutlichen Bilder vorstellen. Es scheint daher klar, daß sich unser Denken und Vorstellen in einer ganz bestimmten Richtung entwickelt hat: während die ungebildeten Menschen mit ihrer intensiveren Phantasie sich jede Vorstellung deutlich mit dem ganzen Inhalt vergegenwärtigen, fassen wir Modernen, logisch Geschulterten von der bildlichen Vorstellung sofort die wesentlichen Merkmale ins Auge, ohne uns weitere Einzelheiten genau vorzustellen. Dieselbe Fähigkeit, der wir den Besitz von Einzelvorstellungen, welche wegen ihrer besonderen Beschaffenheit Gattungsbegriffe im Denken vertreten können, zu verdanken haben, diese Fähigkeit befreit unser Denken von dem unnützen Apparat vieler einzelnen deutlich vorgestellten Vorstellungen und beschleunigt es dadurch bedeutend.

SHUTE' freilich beachtet diese Fähigkeit nicht und meint darum, daß das Denken in Bildern überhaupt viel langsamer sein müsse, als thatsächlich unser modernes Denken sei; dies führt er besonders von den zusammengesetzten Vorstellungen aus, z. B. könne man den Inhalt des Satzes: „Edelmut ist Tugend" sich nicht so schnell vorstellen, als man den Satz ausspreche; allein schon die Vorstellung „Edelmut" setze ein Durchlaufen ähnlicher Vorstellungen und vielerlei Beziehungen voraus, deren Vorstellen viele Zeit verlange.

Hiergegen ist, um beim Beispiel zu bleiben, zunächst zu bemerken, daß, wer in vernünftiger Rede jenen Satz ausspricht, eine solche Äusserung nicht ganz unvermittelt thut, sondern durch den Gang seiner Gedanken auf dieselbe hingeführt ist, so daß schon, bevor das Wort „Edelmut" ausgesprochen wird, gewisse Teile der Bedeutungsvorstellung vorhanden sind; die Bedeutungsvorstellung gewinnt noch mehr an Klarheit durch das Wort, welches die abstrakten Merkmale stärker hervortreten läßt — darum spricht man ja zur Stärkung des Denkens oft allein für sich — und durch das Billigungsgefühl, welches sofort erwacht.

Alles dieses wirkt meistens zusammen, plötzlich die Vorstellung eines konkreten Falles, in dem man Edelmut wahrnahm oder das denselben begleitende Billigungsgefühl empfand, hervorzurufen — wenn man nicht überhaupt zu solchem abstrakten Satze gerade von einem konkreten Falle ausgehend gelangt ist. In dieser Vorstellung treten nun die wesentlichen Merkmale besonders hervor, von denselben werden dann aus irgend einem Grunde diejenigen besonders beachtet, welche zugleich der Tugend zukommen, daran knüpft sich das Wort „Tugend" und so fälle ich das Urtheil „Edelmut ist Tugend", ich erkenne in der konkreten Vorstellung, in der Edelmut versinnbildlicht ist, zugleich die der Tugend wesentlichen Merkmale. Bedenkt man außerdem, daß bei unserem modernen Denken durch strengere Aufmerksamkeit größere Einheitlichkeit des ganzen Denkprozesses herbeigeführt wird, zieht man endlich in betracht, daß unsere moderne Erfahrung, nicht nur diejenige, welche wir selbst machten, sondern auch die, welche uns in der erlernten Sprache und Anschauungsweise überliefert ist, uns zu viel feinerem Empfinden von Vorstellungsunterschieden und zu viel schnellerem Urteilen befähigt, so können wir getrost annehmen, daß in der Zeit, welche die Aussprache eines Wortes erfordert, wir auch das ihm entsprechende Bild vorstellen können, zumal im Satzzusammenhange.

Daher brauchen wir nicht mit SHUTE ein Wortdenken als Regel anzunehmen, sondern halten daran fest, daß alles abstrakte Denken, sofern es nicht nur mit Symbolen operiert, sich an konkrete Bilder hält und nur darum abstrakt ist, weil man bei diesen Bildern fast nur auf die wesentlichen Merkmale achtet.

Und alle weitere Entwicklung des Denkens geht nicht zum reinen Operieren mit Buchstabenzeichen hin, wie SHUTE glaubt, sondern in der Richtung fort, daß man in den Vorstellungsbildern stets nur die wesentlichen Merkmale besonders stark vorstellt.

Achtes Kapitel: Schlussdarstellung.

§ 30. Nachdem wir die Hauptvertreter des neueren englischen und französischen Nominalismus dargestellt und beurteilt haben, erübrigt nur noch, daß wir die Ansichten, welche unsere Kritik begründet gefunden hat, sowie diejenigen, zu denen uns der Streit selbst geführt hat, mit einigen notwendigen Ergänzungen zusammenfassen, um eine einheitliche Übersicht zu gewinnen. Und da es sich schon öfter gezeigt hat, daß unsere Frage eng mit den Theorien über den Ursprung und die Entwicklung der Sprache zusammenhängt, so müssen auch wir zunächst kurz auf diese Probleme eingehen, um so durch eine aus der Sprache erschlossene, historische Entwicklung des Denkens unsere Darstellung des Verhältnisses der Allgemeinbegriffe zum Denken zu unterstützen..

Die Menschen haben sich ihre Sprache selbst gebildet, teils indem sie unwillkürliche Ausdrücke innerer Vorgänge zu willkürlichen Zeichen machten und weiter entwickelten, teils indem sie durch Nachahmung oder irgendwelche zufälligen Umstände sich bietende Zeichen zur Verständigung benutzten; denn Verständigung war der erste Zweck der Sprachbildung. Dabei stand anfänglich die Geberdensprache neben der Lautsprache und beide ergänzten sich gegenseitig: wenige Laute und wenige Geberden zusammen bezeichneten den Inhalt eines, ja selbst mehrerer Sätze. Da man jedoch aus praktischen Gründen allmählich die Lautsprache der Geberdensprache vorzog, so bildete sich die Lautsprache allmählich vollständiger und selbständiger heran [1]).

In dieser Lautsprache waren schon sehr früh Namen für

---

1) Marty, Über den Ursprung der Sprache. 1875.

ganz allgemeine Qualitäten vorhanden[1]), und die Dinge wurden meist nach dem Erscheinen einer dieser Qualitäten an ihnen benannt; doch belegte man auch oft dasselbe Ding mit mehreren, verschiedenen Namen, je nach dem, auf welche der ihm anhaftenden Qualitäten man gerade sah.

Nachdem die ersten Schritte auf dem Wege der Sprachbildung geschehen waren, spornten der aus der Verständigung erwachsende Vorteil und die Lust an der Mitteilung die Menschen an, das einmal bewährte Hülfsmittel der Verständigung weiter zu verwenden und mit Bewußtsein und Absicht für ihre Vorstellungen Zeichen zu suchen.

Diese Weiterbildung der Sprache geschah weniger durch Neubildung von Wörtern, welche vielmehr schon frühzeitig aufhörte, sondern meist durch Umgestaltung und Zusammensetzung oder übertragene Verwendung des vorhandenen Wortschatzes. Die Stadien dieses Fortschrittes anzugeben ist natürlich unmöglich, nur gewisse geistige Entwickelungsstufen, welche in der Sprache ihren Ausdruck fanden, mögen hier konstatiert werden.

Indem man verschiedene Wahrnehmungen resp. Vorstellungen und deren Teile beobachtete, stellte man vielerlei Beziehungen zwischen ihnen her, welche man allmählich auch in der Sprache kund zu geben suchte durch Veränderung der die Hauptvorstellungen beziehenden Wörter. So bildete man durch Umformung und Zusammensetzung von Wörtern die Flexionen aus, welche dann, einmal durch die Macht des Gedankens ins Leben gerufen, ihrerseits hinwiederum die Formung und den Lauf der Gedanken ungeheuer beeinflußten, und indem sie das Denken zu stets schärferer Anschauung und Unterscheidung des Vorgestellten anhielten, zugleich selbst noch feiner ausgebildet wurden.

Andererseits erhielt das vorhandene Sprachmaterial vielfach eine andere und übertragene Bedeutung. Geschah dies anfangs wohl, wie noch heute bei den Kindern häufig zu beobachten ist, weil man nicht scharf genug aufmerkend manche unwesentlichen Unterschiede zwischen ähnlichen Vorstellungen leichter übersah,

---

1) M. Müller, Vorles. über die Wissensch. der Sprache I, S. 319; 423/25.

so mußte doch auch bei weiterer Ausbildung des Geistes das Vergleichen und Bemerken von Ähnlichkeiten absichtliche Übertragung einmal vorhandener Namen auf andere, den ursprünglich bezeichneten Vorstellungen ähnliche herbeiführen.

So benannte man die inneren Vorgänge des Seelenlebens bildlich nach äußeren ähnlichen Wahrnehmungen, so breitete man den größten Teil aller Namen über viele ähnlichen Dinge aus und gelangte zu den Gattungsnamen. Denn die Wahrnehmung von Ähnlichkeiten und die Neigung des menschlichen Geschlechtes zu verallgemeinern veranlaßten die Ausdehnung des Namens eines Dinges auf viele dem erstbenannten ähnlichen Dinge. Und infolge der zahlreicheren Aufnahme ähnlicher, doch im Unwesentlichen vielfach von einander abweichenden Dinge und ihrer Vorstellungen unter denselben Namen änderte sich nun auch die von anfang an hinter dem Namen stehende Einzelvorstellung so, daß die allen jenen ähnlichen Dingen gemeinsamen Eigenschaften in der Vorstellung stets vorhanden waren und stark hervortraten, während unwesentliche Merkmale zwar stets mit vorgestellt, doch nur wenig beachtet und auch je nach den zufälligen Umständen nicht stets dieselben waren.

Ein besonderes Hülfsmittel der Verständigung, welches vielfach zur Bildung von neuen Namen führte, war die Benennung mittelst des Etymons, d. h. vermittelst einer Vorstellung, die als Band der Assoziation diente zwischen dem äußerlich wahrnehmbaren Zeichen und seiner Bedeutung, d. h. dem physischen Inhalt, den es in dem Angeredeten erwecken sollte. Das Etymon ruft zunächst gewisse Nebenvorstellungen hervor, welche nicht selbst gemeint sind, sondern nur das Verständnis vermitteln, z. B. „Gepflügtes" Nebenvorstellung zum Behufe der Bezeichnung von „Erde". Hier rechnet der Redende auf Verständnis infolge derselben Assoziationen im Hörenden und, um eine Vorstellung zu bezeichnen, deren Assoziation mit der durch das Etymon hervorgerufenen Vorstellung feststeht, verwendet er das Etymon an Stelle des Namens für die eigentlich zu bezeichnende Vorstellung. Dieses Hülfsmittel kann uns vielleicht schwierig erscheinen; doch bot es sich in jenen früheren Zeiten sicherlich oft von selbst und konnte mit gutem Erfolge benutzt werden, weil die größere

Gemeinschaftlichkeit des Lebens und der Interessen aller Menschen, sowie die geringere und gleichmäßigere Erfahrung bei allen Mitgliedern desselben Volkes auch ähnliche Assoziationen hatte entstehen lassen; daher mußte in einem ackerbautreibenden Volk jeder bei den Namen „Gepflügtes" an die „Erde" denken.

So sehen wir überall den Geist, die Fortschritte, welche er selber macht, auch in der Sprache ausdrücken, indem er die sich ihm unwillkürlich bietenden Hülfsmittel geschickt benutzt. Dabei konnte es natürlich nicht ausbleiben, daß das Wort, welches anfangs nur ein Verständigungszeichen war, sich im Denken immer enger mit der entsprechenden Vorstellung verknüpfte, ein Vorgang, der um so nützlicher war als durch die mannigfache Zusammensetzung der Wörter und die Abschließung ihrer Laute, sowie durch die Grundprinzipien des Bedeutungswandels, die Bedeutungsverengerung und die Bedeutungsübertragung, die ursprüngliche Benennungsursache der meisten Dinge vergessen und somit die Bedeutung der Wörter rein konventionell wurde.

Endlich wurde die Weiterentwickelung der Sprache noch wesentlich von den Einflüssen der umgebenden Natur und der entstehenden Kultur sowie den sich allmählich ausbildenden Volkscharakteren beeinflußt.

Bei manchen Völkern entwickelte sich der Geist eher zu logischer Schärfe und zur Abstraktionsfähigkeit, andere Völker mehr ihrer Phantasie folgend dachten mehr in konkreten, lebhaften Bildern und demgemäß wurde die Sprache bei ersteren zu größerer Einfachheit und Klarheit, bei letzteren zu mannigfaltigerer Verschiedenheit und Bildlichkeit entfaltet.

Der ganze Gang des Denkens war jedenfalls lange Zeit ein sehr unregelmäßiger, sprunghafter, vielfach durch zufällige Assoziationen abgelenkt, und die Trennung der Vorstellungen von einander erfolgte nur langsam und unsicher.

Daher bestand die zusammenhängende Rede nur aus Angabe der Hauptvorstellungen und bald auch der rohesten Beziehungen zwischen denselben, wobei die Geberden der Erläuterung noch lange mit dienen mußten, und die regelmäßigen Satzkonstruktionen oft durch Anakoluths, durch mehr sinngemäße als grammatikalisch richtige Verbindungen, durch Hinüberziehen und Verschmelzung mehrerer Sätze [1]) u. a. m. gestört wurden. Eine weitere, wichtige Entwickelungsstufe nun ist die Ausbildung des abstrakten Denkens, welche wir zum teil noch in der historischen Zeit in der Sprache sich wiederspiegeln sehen. Die fortschreitende Übung der Geisteskräfte, des Beobachtens, Vergleichens, Urteilens, zum teil auch die wechselnden Umstände der Außenwelt, das zufällige Fehlen resp. Ausschalten von sonst meist verbundenen Sinneseindrücken, besonders aber die allmählich wachsende Macht der Aufmerksamkeit führten ein schärferes ins Auge Fassen einzelner Vorstellungsteile und ein fast völliges Unbeachtetlassen anderer herbei. Bis zu einem gewissen Grade hatte sich nun ja schon bei den Gattungsvorstellungen früher ein ähnlicher Vorgang eingestellt; dadurch ermuntert begann der Geist einzelne Qualitäten zum Hauptgegenstande seiner Betrachtung und seiner Operationen zu machen und übte sich, die übrigen im selben Komplex vereinten Qualitäten mehr und mehr unbeachtet zu lassen. Dabei bot die Sprache einen großen Vorteil, denn sie ermöglichte es durch Analogiebildungen zu vorhandenen Formen von Adjektiven neue Substantive zu bilden, denen nicht — wie es anfangs allgemein war — Gegenstandsvorstellungen, sondern nur einzeln für sich besonders hervorgehobene Eigenschaften der Gegenstände entsprachen. Dies ist der geistige Fortschritt, der sich in der Bildung der abstrakten Substantive, z. B. rot, Röte, lang, Länge u. a. m. ausspricht. Anfangs waren es nur die hervorragendsten Köpfe, welche diese Betrachtungsweise der Vorstellungen übten, und wie schwer dieselbe war, sehen wir noch deutlich an der Entwicklung des abstrakten Denkens bei den Griechen. Die alte griechische Philosophie denkt und redet meist noch vollkommen in Bildern von konkreten Vorstellungen; selbst der geistesstarke HERAKLIT weiß seine abstrakten Gedanken noch nicht anders als in Bildern auszudrücken, welche oft das Verständnis seiner Lehre für uns erschweren; wie sehr spürt man

---

1) Ein solches Verschmelzen mehrerer Sätze findet sich in der volkstüml. Sprache sehr oft. Vgl. dazu z. B. Nibel. Nôt 1950 Dô volgeten si dem râte unt truogen für die tür siben tûsent tôten wurfen si derfür.

nicht das Ringen des Geistes mit dem abstrakten Denken und dem Ausdrucke desselben bei THUCYDIDES [1])! Selbst bei PLATO gerät noch oft die konkret vorstellende Phantasie in Streit mit der abstrahierenden Vernunft und verursacht manche Unklarheiten und Fehlschlüsse; erst ARISTOTELES dringt zum reinen abstrakten Denken durch und zeigt glänzend die Priorität und relative Unabhängigkeit des Denkens von der Sprache in der Art, wie er teils durch Bildung neuer Ausdrücke (z. B. $\dot{\epsilon}\nu\tau\epsilon\lambda\acute{\epsilon}\chi\epsilon\iota\alpha$) teils durch inhaltliche Umprägung vorhandener (z. B. $\ddot{v}\lambda\eta$) den errungenen abstrakten Gedanken benennt. Wie schwer sie errungen sind, sieht man noch manchen Ausdrücken an und in manchen Fällen wurden erst im weitern Verlaufe der Sprache die betreffenden Beziehungen gebildet.

Im allgemeinen sehen wir noch heute ganz ähnliche Stufen und Entwickelungen im Denken des Volkes, des Kindes und des heranwachsenden Geschlechtes auftreten, wenn auch die Denkarbeit, welche zum ersten abstrakten Denken führte, eine ungleich schwierigere war als diejenige des modernen Menschen, welchem der geistige Unterricht und die überlieferte, logisch fein durchgebildete Sprache die mühsamen Errungenschaften der früheren Jahrhunderte leicht zu teil werden lassen. Doch weiß jeder von uns sich aus seiner Jugend zu erinnern, wie spät sich erst die Fähigkeit abstrakt zu denken entwickelt, und wie viele Schwierigkeiten beim Eintritt in die Vorhallen der Philosophie zu überwinden sind.

§ 31. Eine Schilderung nun des abstrakten Denkens auf seiner modernen Höhe würde nicht nur unsere Kräfte weit übersteigen, sondern ist auch schon vielfach geliefert worden; wir begnügen uns damit auf die betreffenden Abschnitte in SIG-

---

1) Darauf beruht zum großen Teil die Eigentümlichkeit des thucydideischen Stiles: die Häufung nominaler Formen, die steifen Infinitivkonstruktionen mit dem Artikel, der häufige Gebrauch der Adjektiva und Partizipia, „um die abstrakte Allgemeinheit jener Begriffe für den jedesmal vorliegenden Fall in eine mehr greifbare Form zu kleiden, wobei doch immer durch das Neutrum diejenige Unbestimmtheit gelassen wird, die der Sache zukommt" (Classen Thucydides I).

wart's Logik ¹) zu verweisen und hier nur die aus der vorliegenden Arbeit gewonnenen Ansichten zusammenzustellen.

Unser Denken ist eng mit der Sprache verknüpft und wird wesentlich durch dieselbe gefördert, doch eilt es ihr nicht nur meist voraus, sondern vermag auch bisweilen allein in konkreten Bildern stattzufinden; gewöhnlich aber geht neben einer Reihe von Vorstellungen nur wenig zurückbleibend eine Reihe von Worten her, welche ihrerseits zwar gewisse Teile der Vorstellungen stärkt, aber auch manche Teile des Gedankeninhaltes gar nicht ausdrückt. Nun ist jedoch keineswegs jedes Wort einer solchen Reihe Zeichen einer selbständigen Vorstellung, die nach Belieben allein vorgestellt werden könnte, sondern erstens bezeichnen viele Wörter (wie Adjektiva) nur besondere Merkmale der Hauptvorstellung oder Beziehungen derselben zu andern Vorstellungen, sodann stellen wir keineswegs bei allen konkreten Substantiven, ja nicht einmal bei allen Eigennamen stets die entsprechende Vorstellung klar und deutlich mit allen wesentlichen und unwesentlichen Zügen vor; vielmehr erinnern wir uns selbst bei Eigennamen nur der wesentlichsten Eigenschaften und vermögen nur mit Mühe uns die Vorstellung eines Einzeldinges bis in alle Einzelheiten zu vergegenwärtigen ²); endlich kann überhaupt der Mehrzahl der Namen, den allgemeinen Namen, niemals eine unveränderliche Einzelvorstellung, die nur die logisch wesentlichen Merkmale enthielte, direkt entsprechen, weil alle unsre Vorstellungen Bilder mit wesentlichen und unwesentlichen Zügen sind.

§ 32. Wir denken meist in Bildern und so bedarf auch der abstrakte Name einer konkreten Vorstellung, um wirkliche Bedeutung zu haben, andererseits bedarf aber auch, so zu sagen, die konkrete Vorstellung der abstrakten Betrachtungsweise, um wirklich von dem abstrakten Namen bezeichnet zu werden.

Am einfachsten zeigt sich noch dieser Zusammenhang zwi-

---

1) Sigwart, Logik, 2. Aufl. 1889, I S. 30—60.
2) Diese Vorstellungsstärke hängt von verschiedenen Umständen ab, welche bereits früher (§ 23) weiter ausgeführt wurden, doch darf sie während eines längern Denkprozesses niemals völlig schwinden, wofern noch ein vernünftiges Denken möglich sein soll.

schen abstraktem Namen und konkreter Vorstellung in den Fällen, wo der abstrakte Name nicht selbständig im Satze steht, sondern in Beziehung gesetzt zu einem konkreten; dann ist also die konkrete Vorstellung fest bestimmt und der abstrakte Name bezeichnet nur, daß in dieser gegebenen Vorstellung einzelne, abstrakte Merkmale stärker beachtet werden. Sage ich z. B. „ich sehe mit Bewunderung die Größe des Kölner Domes", so bezeichnet hier „Größe" nur das Hervortreten einer Eigenschaft der konkreten Vorstellung: „Kölner Dom." Oder: „Aristides war ein Mann voll Tugend", hier nehme ich die abstrakten Merkmale, welchen der Name „Tugend" zukommt, in der Vorstellung: „Aristides" wahr.

Zweitens aber können diese Abstrakten selbständig sein; ich kann sagen: „Jede Größe ist teilbar" oder „Tugend belohnt sich selbst" oder „Jedes Tier bedarf der Nahrung"; in diesen Fällen steht wirklich eine selbständige Vorstellung hinter dem abstrakten Namen und zwar jedesmal die Vorstellung eines einzelnen Dinges oder Ereignisses, welches neben den unwesentlichen auch die wesentlichen Eigenschaften enthält, die der Name bezeichnet. Diese Ansicht ist ausführlicher bei BERKELEY und HUME besprochen worden [1]); da in der That alle einfachen, abstrakten Begriffe einmal in der äußeren resp. inneren Wahrnehmung angeschaut werden oder doch werden können, so ist kein Grund zu zweifeln, daß dieselben beim Denken in den

---

1) Vgl. § 11—16.
Ein Zeugnis für die Richtigkeit dieser Ansicht bietet vielleicht auch der Gebrauch mancher Dichter an Stelle eines Allgemeinnamens den Namen eines Einzeldinges der Gattung anzuführen. Die Dichter können dies thun, weil wir auch bei dem Allgemeinnamen nur ein Einzelding vorstellen; sie fördern die Einbildungskraft, weil wir so die Einzelvorstellung gleichsam geliefert erhalten, welche sonst von mancherlei andern Umständen bestimmt in uns aufgetreten wäre, und sie erreichen zugleich größere Deutlichkeit des poetischen Bildes, weil an den Einzelnamen das Auftreten einer größeren Zahl von Merkmalen geknüpft ist als an den Allgemeinnamen.
Horat. od I 1, 11: Gaudentem patrios findere sarculo
                Agros Attalicis conditionibus
                Nunquam demoveas, ut trabe Cypria
                Myrtoum pavidus nauta secet mare.

entsprechenden Vorstellungen angeschaut werden können, wofern der Geist nur auf die logisch wesentlichen Merkmale zu achten vermag. So hat die bei den abstrakten Namen vorgestellte Einzelvorstellung folgende besonderen Eigenschaften:

1., Daß sie nicht stets ein für allemal bei demselben Namen vorhanden ist, sondern von besonderen, oft zufälligen Umständen bestimmt wird;

2., daß jedoch stets ein gewisses Merkmal oder eine Gruppe von Merkmalen in ihr vorgestellt wird;

3., daß das, was man von ihr aussagt, sich nur auf jenes oder jene mehreren stets vorgestellten Merkmale bezieht.

Die bei einem Allgemeinnamen vorhandene Einzelvorstellung ist weder bei allen Menschen noch in jedem Einzelnen stets dieselbe; sie wird vielmehr bestimmt:

a, von der persönlichen Erfahrung und dem Leben des Denkenden; jeder stellt das seiner Person aus irgend welchem Grunde zunächst liegende Ding einer Gattung vor, z. B.: wenn ein Kutscher den Namen „Pferd" ausspricht oder hört, so wird er an sein eigenes Pferd denken; ebenso beim Namen „Tier"; und ein Kaufmann, der von „Tüchtigkeit" redet, stellt sich wohl meistens einen tüchtigen Mann mit kaufmännischen Eigenschaften vor [1]),

---

1) Lehrreich sind hierfür auch die Bemerkungen HEBBELS (Biographie von KUH 1877, S. 34—35) über den ersten Ausgang des Kindes: „Es tritt, wenn es zum ersten Mal von der Mutter oder vom Vater mitgenommen wird, den Gang durch den Straßenknäuel gewiß nicht ohne Staunen an, es kehrt noch weniger ohne Schwindel von ihm zurück. Ja, es bringt von vielen Objekten vielleicht ewige Typen mit heim, ewig in dem Sinn, daß sie sich im Fortgang des Lebens eher unmerklich bis ins Unendliche erweitern als sich jemals wieder zerschlagen lassen; denn die primitiven Abdrücke der Dinge sind unzerstörbar und behaupten sich gegen alle späteren, wie weit diese sie auch an sich übertreffen mögen. . . . . . Die Kirche, ... der Gottesacker, ... ein uraltes Haus, ... all diese Einzelheiten flossen für mich, zu einem ungeheuren Totalbild zusammen. . . . . Ich habe seitdem den Dom von Sanct Peter und jeden deutschen Münster gesehen, ich bin auf dem Père la Chaise und an der Pyramide des Cestius gewandelt, aber wenn ich im Allgemeinen an Kirchen, Friedhöfen u. s. w. denke, so schweben sie mir noch jetzt in der Gestalt vor, in der ich sie an jenem Abend erblickte.

b, von dem Zusammenhange der ganzen Rede und den sich in derselben bietenden konkreten Bildern, welche die Associationen beeinflussen: z. B. lese ich in einem Aufsatze über Afrika von „Bäumen", so stelle ich mir „Palmen" vor. Die Bedeutung vieler Wendungen und übertragener Ausdrücke ist oft nur in größeren Satzzusammenhängen, welche eine bestimmte Art der Associationen angeben, verständlich: z. B. höre ich in einer längeren Rede über Gebirge von einem „Kamm", so denke ich an einen „Gebirgskamm".

c, von der jedesmal umgebenden Außenwelt; denn beim Denken nimmt man sofort die in der Umgebung sich bietenden Bilder als konkrete Unterlage der Gedanken. Wenn ich z. B. denke: „Alles Ausgedehnte ist teilbar", so stelle ich mir als Ausgedehntes eine ausgedehnte Figur, die ich zufällig wahrnehme, vor, z. B. einen langen Weg, eine große Mauer oder ein Stück des Horizontes.

Endlich kann die Einzelvorstellung auch nur symbolisch sein: man kann sich beim Begriff „Krieg" einen gewappneten Mann, bei „Freiheit" eine Freiheitsgöttin denken [1]).

In dieser also durch mancherlei Umstände bestimmten Einzelvorstellung tritt nun eine Gruppe von Merkmalen und zwar stets dieselbe bei demselben abstrakten Namen auf. Denn bei der Wahrnehmung vieler ähnlichen Dinge, welchen wir als Kinder dieselben Namen beilegen lernten, oder auf die wir selbst bei wachsender Erfahrung denselben Namen ausdehnten, haben sich in der Vorstellung unwillkürlich die gemeinsamen und darum wiederholt wahrgenommenen Merkmale sehr gestärkt. Dazu trägt ebenfalls weiter direkte Belehrung durch eigene oder fremde Urteile und Definitionen bei, so daß bei steigender Bildung die Gruppe gemeinsamer Merkmale in der Vorstellung sich stets mehr zusammenschließt und stärker hervortritt.

Bei der Verwendung der so gearteten Einzelvorstellung einer unmöglichen, abstrakten Vorstellung sind allerdings beim Volke und überhaupt beim weniger scharfen Denken Irrtümer gar nicht selten, welche daraus hervorgehen, daß man die wesentlichen Merkmale nicht genügend hervorhebt und daher Eigen-

---

[1] STRICKER, Studien über die Bewegungsvorstellungen. 1882. S. 42 ff.

schaften, welche nur der jeweiligen Einzelvorstellung mit Recht zukommen, auch von der allgemeinen Vorstellung, welche jene vertritt, aussagt. Aber eben die uns anhaftende Schwerfälligkeit alle Einzelheiten der Vorstellung deutlich vorzustellen, verbunden mit der nach Maßgabe der Erfahrung und Übung größeren Klarheit der wesentlichen Merkmale, sowie die enge Verknüpfung des Namens gerade mit diesen wesentlichen Merkmalen, bei deren Wahrnehmung er meistens gebraucht wurde, ferner das unmittelbar beim Auftreten der Vorstellung und des Namens oft auftretende Billigungs- oder Mißbilligungsgefühl, endlich unsere strengere Aufmerksamkeit und größere Einheitlichkeit des Denkens — alles das zusammen gestattet den wahrhaft Gebildeten ein Operieren mit der Vorstellung eines Einzeldinges der Gattung an Stelle einer Gattungsvorstellung, ohne daß man in Fehler verfällt, und verschafft so den Menschen jene Schnelligkeit der Gedanken, jene Fähigkeit nach allgemeinen Gesichtspunkten zu ordnen, welchen der moderne Mensch die Fortschritte seiner Kultur verdankt.

So ist es möglich, daß selbst beim abstraktesten Denken doch noch in flüchtigen Bildern gedacht wird, welche allerdings nur in ihren Hauptzügen blitzschnell auftreten. Dadurch beherrschen wir auch den Assoziationenzug unseres Denkens weit mehr, weil wir die unwesentlichen Einzelheiten der Bilder fast gar nicht bemerken; wir erreichen so zugleich eine größere Schnelligkeit und Sicherheit des Denkens.

§ 33. Dabei wollen wir der großen Dienste, welche die Namen dem Denken als Merkmale leisten nicht vergessen: jenes stärkere Hervortreten abstrakter Merkmale in der Einzelvorstellung, welches das abstrakte Denken erst ermöglicht, wird ja wesentlich durch die jenen Merkmalen eng assoziierten Namen gefördert, welche den vagen Vorstellungsbildern zugleich mehr Halt verleihen und eine leichtere Unterscheidbarkeit von anderen Vorstellungen herbeiführen. Bisweilen vertritt sogar die Wortvorstellung mit einigen allgemeinen Beziehungen des Vorstellens schwierige Vorstellungen, z. B. die Zahlbegriffe oder sonst höchst abstrakte Gedanken.

Von früheren Erfahrungen, welche in allgemeinen Urteilen zusammengefaßt wurden, bleibt häufig nur dieses Urteil im

Gedächtnis und dient direkt ohne erneuerte Vorstellungen aller früheren Erfahrungen, oft nur durch allgemeine Beziehungen herbeigeführt, als Grundlage oder als willkommenes Zwischenglied bei weiteren Schlüssen. Und nicht nur in der Erinnerung haften vage Vorstellungen infolge der ihnen beigelegten Namen besser, sondern auch bei jedem Denkprozeß erleichtern die Namen ein längeres Festhalten und genaueres Prüfen der Vorstellungen im Geiste. Jedenfalls aber bleibt doch das den Worten vorausgehende Denken dasjenige, was denselben erst ihren Wert verleiht. Und wenn die Sprache dem menschlichen Geiste großartige Dienste leistet, so ist darum nicht die Sprache allein zu preisen, sondern noch mehr der Geist, welcher ein ihm gebotenes Werkzeug erfinderisch weiter ausbildend trotz der Mangelhaftigkeit des Werkzeuges sich selbst durch dasselbe höhere Vollkommenheit aneignete.

Vita.

CAROLUS FREDERICUS GRUBE natus sum Lubecae in urbe libera a. d. XVII Kal. Dec. 1864, patre THEODORO, matre CAROLINA e gente SCHÜTT. Fidei addictus sum evangelicae. Elementa postquam in ludo litterario didici gymnasium urbis patriae adii, quod nunc regimine viri humanissimi SCHUBRING floret. Cujus scholae disciplinae quantum debeam, eloqui vix possum praecipue qui in prima classe institutionem moderabantur viri SCHUBRING, PRIEN, FEIT, ESCHENBURG, HOFFMANN multis me ac magnis beneficiis sibi devinxerunt. Anno 1884 maturitatis testimonium adeptus stipendia merui, anno insequente civibus adscriptus sum academicis universitatis Friburgensis; deinde Lipsiam me contuli, tum tribus semenstribus peractis anno 1887 Halis in studia incubui. Operam dedi inprimis studiis philologicis, praeterea philosophicis, Germanicis, historicis. Docuerunt me Friburgiae BRUGMANN, HENSE, PAUL, SCHMIDT, Lipsiae BIEDERMANN, BROCKHAUS, CRUSIUS, DROBISCH, GARDTHAUSEN, HEINZE, HIRZEL, KÖGEL, LIPSIUS, RIBBECK, SEYDEL, WACHSMUT, WINDISCH, WUNDT, Halis VON ARNIM, DITTENBERGER, DÜMMLER, ERDMANN, HAYM, HEYDEMANN, HILLER, SIEVERS, STUMPF, VAIHINGER. LIPSIUS ut proseminario philologico, HENSE, DITTENBERGER, KEIL, HILLER ut seminario philologico interessem, benigne permiserunt; in seminarium Germanicum PAUL, SIEVERS, historicum DÜMMLER me receperunt. Comiter concesserunt, ut interessem exercitationibus philosophicis STUMPF, philologicis VON ARNIM, sanscriticis WINDISCH.

Quibus omnibus viris clarissimis plurimas gratias ago semperque habebo.